心累的你，還在假裝自己很好嗎？
10分鐘療心時光，結合正念、CBT、情緒調節練習，
感受真正的釋懷與療癒

成為自己的心理師

歐文・奧佩　著　Owen O'kane
李祐寧　譯

How To Be Your Own Therapist

Boost your mood and reduce your anxiety in 10 minutes a day

獻給我的伴侶馬克，

他相信我可以透過自己的書幫助許多人。

謝謝你給我的信任和鼓勵。

Contents

Chapter 2

從前從前，我的故事裡……

Chapter 3

人生，就像一幅拼圖

Chapter 4

那麼，現在呢？

PART II
致過去，迎向嶄新的自己

Chapter 7

找回內在的安定

Chapter 8

在一天的尾聲，反思與重啟身心

Chapter 9

萬一，生活中有突發事件……

Chapter 10

結果好，一切就好

序

讓療癒，在日常發生

我是一名心理治療師，而就跟許多心理師一樣，我也接受過心理治療。我的一生因此改變。事實上，心理治療對我造成的影響實在太過強烈，強烈到我在深受啟發後，決心成為一名心理治療師。

我深信心理治療具有改變所有人，讓生命變得更美好的力量。但問題來了。心理治療並不便宜，也不是唾手可得，有時甚至要等上數年才能排到一位心理師。此外，別忘了，心理治療還經常背負著恥辱的印記！但倘若此刻的你仍躊躇不前，不妨換個角度想：有些時候，我們的大腦也需要一點修理與維護，好幫助我們度過生命中的每項挑戰。而這就是健全的心理治療，所能辦到的。其中並無任何特殊或古怪之處。我向你保證，我絕對不會騙你去叢林裡修行，或要你躲在暗無天日的洞穴裡。只有勇者能承受心理治療，而心理治療能給予人們力量，從而擁抱豐富人生的無限可能。

那究竟，該如何讓人們獲得所需要的幫助？苦思許久後，我突然有了靈感。絕大多數心理治療的終極目標，就是幫助個案透過一系列的「訓練」與「覺察」，好成為自己的心理師。因此，我明白自己所需要做的，就是寫一本指導人們該如何做到這點的書。

歡迎來到《成為自己的心理師》。

我希望這本書，能成為一本人人都能上手的實戰手冊。這並不是什麼嚴肅的心理分析，我可以毫無歉意地這樣說。

對於那些風格與我不同的同事，我仍抱持最深敬意，但這本實在不是什麼重量級學術巨作。相反的，本書的目標是盡可能簡化繁複的理論，讓它能融入日常生活中。在內容的前半部分，我將帶領讀者踏上個人的治療之旅。接著，才會進入到第二部分的每日十分鐘自我心理治療。畢竟，倘若沒有實際操作書中的前半段，後半段的日常練習也毫無意義。我喜歡將前半部分視作「新自我」的開創之旅。當然，只要你喜歡，你也可以把它當成是心理治療的速成班，或心理治療訓練營。而第二部分，則是日常維護。

無論你正在經歷哪些情況，在本書裡，我會指導你喚醒體內的心理師，學會充分善用每一天。你即將獲得的技巧，能讓你在接下來的日子裡，表現得更好，心情更舒爽，活得更精采。

最後還有一點聲明，而這或許會讓你有些驚訝。**我**並不打算改變你。我只負責提供自己的觀察、知識與經驗。至於該如何運用這些，全都是**你的選擇**。有太多書籍、「大師」或專業人士，承諾會改變你的人生。但我做不到。相反的，我相信**你**可以改變自己的人生。

我是心理師，我跟你一樣會脆弱

首先、且最重要的一點就是，我跟絕大多數人一樣，是有缺點、脆弱且犯過各種錯的普通人。我從自身經驗中，體會到「不完美」是什麼樣的滋味。而我認為這樣的經歷，對我的工作有莫大的幫助！

身邊總有太多人，告訴我們必須更努力，達成更多目標，或買更多，而不是讓我們了解，該如何好好生活，不要活得這麼狼狽。我的另一個煩惱則是：有太多時候，別人總叫我們不要去管，生活要壓垮自己的警告訊號。當別人跟你說「你沒問題的！」固然不錯，但有時侯我們真的有問題，恐怕還需要一點幫助。

我具有醫學與心理治療的雙重背景。在成為心理治療師之前，我是緩和療護專家。而我在英國國家健保局（National Health Service，NHS）的最後一份工作，是擔任倫敦心理健康服務的臨床負責人。現在，我在倫敦經營自己的心理治療所，接待來自世界各地的客戶。我也會針對心理健康相關議題，進行國際性演講或舉辦工作坊。

我在北愛爾蘭長大，當時北愛爾蘭問題（The Troubles）正烈，愛爾蘭民族派與聯合派出現嚴重暴力衝突。我的童年時期充滿挑戰。在我接受心理治療時，我發現因為這樣的經歷，導致我始終處在恐懼的狀態，膽戰心驚地等待下一個問題找上門。所以，我開始努力解決這種心理狀態。

同時，我還是同性戀，這意味著在進行心理治療時，會出現許多有趣的對話。於我而言，集愛爾蘭人、天主教徒與同性戀身分於一身，確實造成許多困擾。在我的成長過程中，天主教總是宣揚著，可以靠「禱告」來驅除同性戀者的性傾向。因此，毫無意外的，在心理治療的某些重大自我揭露中，我傾向於認為自己是失敗者，並經常覺得必須證明自己身而為人的正當性。但心理治療讓我學到，我不需要證明任何事情，反而還嘗到了自我接納的喜悅。

在本書中，我將與你分享，過程中我的自我發現，向你展示心理治療的可能。它讓你有機會突破與蛻變。我確信透過本書，你也能實現這兩點。

你即將踏上關照自己的旅程

首先，準備好筆記本和筆

第一章到第五章為第一部分。這是必要的基礎工作，可讓你做好準備，順利進入第二部分的「十分鐘日常心理治療練習」。在這部分，你會用到一本筆記本和筆，因此最好提前準備。第一部分囊括了所有我在進行心理治療時，會採取的步驟。但心理治療沒有任何捷徑，我希望你努力不懈，一步驟一步驟都扎實完成。這能扭轉你的人生。此部分也能幫助你理解，進行日常十分鐘自我心理治療的重要性。第一部分，我們將審視：

①你的「真實」人生故事。
②理解你的故事，還有它如何影響此刻的你。
③你真心希望從生活中獲得的事物。
④心理治療能如何幫助你得到想要的。
⑤為獲得更圓滿人生，所必須具備的元素。

我會解釋所謂的「真實」人生故事，究竟是什麼意思（因為此概念為心理治療的核心）。

這絕不單單只是依照年分，來排序生命事件。這更意味著和他人分享，生命中**對自己至關重要**的關鍵事件，以及更重要的，**你對這些事件的感受**。這包括了所有正面、負面，或介於兩者間的情緒。

許多時候，我們為了影響別人對自己的觀感，往往會對自己或其他人說著那些「排演過」或「較體面」的故事版本，而不是描述真正的自己。當然，我認為絕大多數的人，是出於防禦機制而不自覺地改編故事，並非刻意為之。但要想提升個人發展與成長，我們就必須接受最赤裸的過去，並講述這些事件以及它們當時帶來的感受，甚至是此刻我們對事件的感受。

換言之，單純講述自己的故事並不夠。你還必須清楚闡述出來，好讓你理解，這些經驗是如何及為何會對你此刻的情緒、行為與思維模式，造成影響。這是基礎工作的第二步。當你能做到此點，事情就會豁然開朗。

接著，我們會探索你對未來的期望，以及如何實現這樣的期待。倘若你的人生不會因為這場心理治療出現不可思議的改變，那麼就沒有執行這一切的必要。知道自己想要什麼是非常重要的，否則你可能會陷入迷惘。

想要改變人生，並讓未來與當前境況有所不同，自然會牽涉到放棄某些阻礙你前行的畫地自限原則。在這方面，我們會一起努力。

而基礎工作的最後一步，是學習某些必要的技巧與自我照顧方法，亦即那些可以放進每日十分鐘療程的工具。

話說回來，理解自己是誰、為什麼會做出這樣的行為、明白自己想要什麼，以及需要放棄什麼，能讓你獲得平靜、掌控感，並感到澄澈明朗。

第六章到第十章為第二部分。本書後半的內容，會指導你該如何進行十分鐘的每日自我心理治療。在這幾個章節中，你能學會如何把第一部分的技巧融入日常生活裡，同時再接觸到一些新技巧。這些能改善你的生活。這就是你的日常維護。只要你認為有需要，就可以一而再，再而三地進行這些行為。此外，你或許會覺得每天進行某類活動，能讓你獲益良多，那麼不妨將此活動納入你的日常作息，就像是喝早餐茶或咖啡般。日常療程同時也是一個機會，讓你能處理在第一部分中所發現的問題。

下面是你的日常十分鐘療程，簡單看上去的可能樣貌。我知道日子有時能讓人多麼喘不過氣，因此我將這十分鐘平均打散在你的一天裡。如此一來，無論你有多忙，都能抽出時間去確認自己的狀態。我們的目標，是透過這些心理治療「強化劑」，來改變每天的生活品質，最終提升你的人生！

做好準備

多久？四分鐘。

何時？最好選在你起床後，能找到的任一空檔。對我來說，這段時間，就像擠出時間來刷牙一樣！既然我們每天早上都願意花幾分鐘，來刷乾淨牙齒，難道照顧心理健康不是更重要的大事嗎？

目標？讓腦中絮絮叨叨的聲音靜下來，將心態調整至更靈活、更合適的狀態，以在接下來的一天中充分發揮。

保持心定

多久？三分鐘。

何時？吃過午餐後。

目標？為一整天帶來平穩與安定，並處理已經發生的挫折。調節好思緒與反應，並確保自己在這一天中，從心理上照顧好自己。

反思與重啟身心

多久？三分鐘。

何時？上床睡覺前，在你很放鬆，沒有任何事情要做，且不會被手機分心時。

目標？進行日常反思，放下無益的想法，讓自己好好睡上一覺。

在本書所學到的十分鐘每日自我心理治療，能讓你肯定人生，脫胎換骨。這十分鐘也將成為你能帶著同理心，徹底感受並接納自我的時光。儘管如此，本書提出的某些問題、練習或建議，或許會把你推出舒適圈。這是無可避免的。心理治療**理應**刺激到你的痛處（但良藥苦口）。不過我能保證，這確實有效。請把一切視作大腦的斷捨離運動，好讓你活得更自如。

不同心理師會有不一樣的做法，而我會指導你透過其他心理師不會採用的方法，講究地進行自我心理治療。簡單來說，這是一本從我個人觀點出發的書。我在這裡所指導的內容，也不代表任何專業或獨立機構的看法。相反的，我在本書中帶領你經歷的過程，是基於我多重專業背景與個人經驗所得到的整合方法，並經過臨床經驗的肯定。該方法同時也受許多類型的治療模式所啟發，而非專攻單一模式（不過我很小心不要講得太過學術，盡量使用淺顯易懂的詞彙）。我期待這樣的綜合治療方法能讓你放鬆，獲得平靜。

對於感興趣者，我在本書中所使用到的療法，包括了認知行為治療（Cognitive Behavioural Therapy，CBT）、慈悲焦點治療（Compassion Focused Therapy，CFT）、正念、人際取向心理治療（Interpersonal Psychotherapy）。對特定療法感興趣者，網路上有非常多實用的資訊，尤其是專業治療機構的網站，如www.bps.org.uk。

而每一個過程，我都會一步一步、詳細地解釋。我也保證自己會盡最大可能，不去使用術語、陳腔濫調，或那些似是而非又不穩固的心理學見解。我請求你相信我，即便某些時候，我對你提出的問題看似一點道理也沒有，或心理治療的過程讓你感到討厭。沒錯，心理治療可能會很辛苦，但它絕不會壓垮你。請按照自己的步調去進行心理治療，並記得，不要趕。你有整整一生的時間能努力。

開始前的最後提醒

在書中，我會分享個案故事，為讀者提供指引和幫助。而本書寫給那些想找一套工具來自助心理治療的成人，他們希望充分運用每一天，發揮生命潛能，成為最好的自己。當然，在父母的陪同支持下，本書也適合青少年閱讀。無論你處在何種情況下，這本書都能幫上你。但這絕不能取代一對一心理治療

（有些人絕對更需要專人引導找到出口）。倘若你認為自己需要一對一、或團體性質的專業協助，請務必先尋求醫生或當地心理健康機構的幫忙。

請注意，倘若你感覺極端崩潰、出現精神病症、企圖自殺或身邊沒有足夠的支持力量，那麼本書的內容對你毫無意義。在這些情況下，請務必先尋求專業協助。

另外，要是你此刻的精神狀態受酒精、毒品或非處方藥物所影響，我不建議你採用本書方法。

最後，基於保護並尊重案主隱私，本書所提到的每一個名字、細節與個案分享都經過改編，提到的個人或組織也都為匿名。

PART I

準備好，帶領自己啟程

Chapter 1

心理治療
只是胡說八道？

我會教導你成為自己的心理師，並讓每天十分鐘的心理治療，成為你生命中的一部分。但在我開始之前，我希望能跟你談談，心理治療帶有的恥辱與惡名。

每當我的新案主在晤談的最後說「哇！這一點都不糟嘛！」（通常是男性），總會勾起我的好奇心。畢竟，許多人對於心理治療，都有先入為主的看法，我一直對他們的想法很感興趣，總是會進一步詢問他們的意思。而如你所預料的，我也聽過各式各樣的回覆。準備好了嗎？我們繼續看下去。

「就心理治療師來說，你看說來挺正常的。」

「這沒有像我預期的那樣詭異。」

「我很驚訝我們居然會笑出來。」

「你不是只會說『所以那讓你感覺如何？』」

「感覺你沒有被我說的內容嚇到。」

「你沒有催眠我。」
「我以為你只會一直點頭，然後說，『我懂。』」
「這比我預期的更有意義。」
「也不全都是爆哭或情緒宣洩。」
「我以為你會是個傻X（各種用詞都有）。」

當然不只這些。有時在某些社交場合中，我會避免讓其他人知道我的職業。我發現自己的職業要不是讓其他人感到緊張（他們以為我會讀心術，或能透過閒聊分析他們）、讓對方覺得自己必須掏心掏肺地說出人生故事，不然就是嚇壞大家。

我在擔任NHS心理治療服務的負責人時，我發現某些與心理健康有關的詞彙，會阻止人們加入治療團體。舉例來說，倘若我們將團體命名為「對抗抑鬱」，絕對沒有人會來參加。但假如把團體名稱改為「強化你的情緒」，人數立刻爆滿。我遇過許多要求我從帳單上去除「心理師」字眼的個案，還有人要求我將辦公室門上的職稱摘下來。某些病患會在意，其他人如果知道他／她正在接受心理治療，會怎麼想。話說回來，一位專攻身體而非心理的臨床醫師，絕不可能遇到同樣的問題，除非該名醫師專攻的是性愛健康。而心理治療師就像是某種「不能說的祕密」。

我還記得自己在許多年前，於二十歲出頭第一次接受心理治療時，偷偷摸摸地走在路上，深怕被其他人撞見的心情。我看上去跟不法人士沒兩樣。幸運的是，我的第一位心理治療師是修女，所以杜絕了謠言滋生的一切可能。她的辦公室就在修道院裡。一發現這點後，我真的如釋重負，因為這實在是最棒的掩護。我可以說自己是來告解之類的！

但是，講真的，我對於自己需要幫助感到羞恥。而無法獨立解決問題，也讓我覺得丟臉。我很擔心其他人會如何看待我。還有，因為「出櫃」而陷入心理掙扎，也讓我覺得羞愧。而這樣的掙扎更因為當時深深內化的文化信念——

男人不應該掙扎，變得更加複雜。男人不流淚。

而這一切造就了我。**許多人認為需要心理治療，是很羞恥的事**。我過去也是這麼認為的！如今，心理疾病仍帶著一定程度的汙名。讓基於責任心而願意接受心理治療的行為，反而淪為懦弱或失敗的象徵。同樣的，心理治療師與心理治療對某些人而言，**仍舊**無比神祕。令人難過的是，這些負面成見多數是出於恐懼。的確，大眾對於心理治療的觀感，已經比十幾二十年前來得正面。有越來越多的人**會**尋求協助。但這件事帶有的烙印卻尚未消失。

倘若你確實出現了我所描述的種種不適與焦慮，請讓我幫助你，減輕你此刻感受到的任何緊張。

事實就是，撇開這些陰魂不散的羞恥感，這個地球上的每一個人，都能因為接受心理治療而獲益。即便此刻的你對人生相當滿意，但認識自我、了解自己**為什麼**開心，意味著即便面對不如意，你都能重新找到讓自己振作的事物。無論外人覺得你的日子看似多麼美好，每一個人都有著極為煎熬的時光，而駕馭這些起起伏伏並不容易。某些時候，我們需要幫助。這也是為什麼在本書中，你將學到：

- 簡單來說，心理治療能對你的大腦產生什麼影響，又能如何幫助你。
- 心理治療的流程與細節。
- 在自我心理治療中，你會做哪些事。

心理治療能幫上什麼忙？

這三十年來，我一直與飽受壓力的人們共同努力著。而我從這段經歷中所學到的，就是真正帶來最大心理影響的，是人們對負面事件的**反應**，而不是事件本身。面對可怕的經歷，有些人能良好地應對並調適，有些人則飽受折磨。

我不覺得人會刻意選擇痛苦。相反的，我認為某些人生來就比他人更容易受到折磨，或遭受沒有幫助的行為模式糾纏著。

一旦負面事件發生，人們的反應會和他們如何思考、怎麼處理情緒、為人生設立哪些規矩、如何行動有關，而這也會影響他們遭受的折磨程度。但其實，絕大多數的信念、想法與行為模式，都是在童年時期學來或與生俱來，再一路帶到成年。稍後，我們也會更詳細討論此方面。

其實，許多大人會用童年時期的應對機制來過一生。而就我個人經驗來看，這也是許多人類痛苦的根源。

好消息是，有數以千計的研究論文可證明，心理治療能改變這點。心理治療意味著跳脫自己的人生，再以客觀的角度重新審視。很有意思的是，一旦你回頭看那些影響人生的大事，了解自己為什麼如此痛苦時，就能對自己有新的了解。心理治療能鼓勵你述說生命故事，了解自身經驗與當前的痛苦經歷有何關聯。這能幫助你了解思考模式、自動化的情緒反應、自己為什麼會出現這樣的行為，以及該如何改變那些困住你的事情。

在我執業的每一天裡，我見到無數人試著去處理如：焦慮、抑鬱、創傷、失去、感情關係、衝突等問題。而心理治療能幫助他們釐清痛苦的源頭，為當事人指出一條明路，以減輕痛苦。這更像是一個合作的過程，而不是上對下的命令。

現代心理治療之所以成功，就在於其策略，受最先進的醫學、神經科學、社會科學與藥理學研究的啟發。換而言之，人類是複雜的肉體、情緒、思維生物，想要保持身心最佳狀態，需要的不僅只是心理剖析。所以，好的心理治療總會採取全面性的方法，亦即將「整個人」納入考量。

心理治療有用嗎？真相是……

①這是經科學證實，能提升心理健康的方法。

②它能改善大腦的化學機制。

③它能改寫神經傳導路徑（neuropathway），讓人以更有益的方式思考與行動。

④它能提高生活品質。

⑤它能改善情緒與焦慮問題。

⑥它能促進職場與家庭生活，全面提升內在動機。

⑦它能幫助人們打破惡性循環，停下破壞性的行為模式。

⑧它能減輕痛苦。

從「三層蛋糕」，看心理治療

如同我所提的，這是心理治療速成班。不妨把它想成是，我與案主的濃縮版諮商。這項基礎工作是不可或缺的。接著，才會進入到日常保養與維護：每日的十分鐘自我心理治療。我刻意將時間訂為十分鐘，一方面是因為，現代人生活忙碌，用簡便的方式照顧身心健康，更為可行。另一方面也是因為，大家比較容易撥出「十分鐘」（相較於一小時），更有可能把心力長期放在自我心理治療上。

我想用三層蛋糕的比喻，來解釋心理治療運作的基礎。等到你實際操作時，自然會明白我此刻的解釋。但是現在，我還是希望這個譬喻，能讓你明白我為什麼建議做這樣的練習。只要記住，我建議你做的任何行為背後，一定都有穩固的臨床解釋。稍後我們就會進一步了解。

最頂層的蛋糕，是你的想法與感受。想法與感受彼此獨立，卻又緊緊相依，還會持續地進行交流。舉例來看，倘若「我的父母並不在乎我」此一不受歡迎的念頭，占據了你的腦袋，就會自動產生悲傷、或近似於悲傷的感受。

同樣的，你很有可能感受到劇烈的情緒波動，並冒出各式各樣沒有幫助的念頭。畢竟，悲傷時恐怕很難對自己或人生，抱持樂觀的看法。你的想法可能更近似於，「我不夠好」、「我讓人失望」或「我是垃圾」。

思考是一種認知過程。有時候，念頭自然而然、下意識就出現了。像是你明明正在工作著，卻突然陷入度假時的回憶裡。也有時候，你是有自覺地在思考。舉例來說，你可能會琢磨去超市該買什麼、下禮拜前往婚禮現場的最佳路線，或者該如何進行一場棘手的契約協商。思緒總是伴隨著陳述，一個念頭牽引著另一個。

相反的，情緒卻是你下意識、不假思索就會有的**感受**。冒出情緒時，你可能會、也可能不會夾帶思緒。生活周遭所發生的各種事件，可能會激起我們的情緒。或者，情緒也可能無來由地浮現。而我們的情緒就像是天氣，能在極短的時間內於兩個極端間擺盪。關鍵在於學會如何感知它們，並讓它們帶領你。

神經科學家推測，人一天能迸出六萬到八萬個想法！這證實「思緒爆炸」此話一點也不假。我們無時無刻不在思考。但思考本身並沒有問題。

問題在於批判性、災難性或僵化的思考模式，以及經常自然而然就發生的負面情緒反應。這些模式往往在生命的早期，就侵入我們的生活。舉例來看，來自父母非常苛刻家庭的人，或許會自然而然想到自己最差的一面，並在面臨那些會讓他們想起童年經歷的處境時，冒出負面的想法。在此情況下，很難好好調節情緒。

同樣的，有些人則可能從小學到，有些情緒是不能出現的，像是憤怒、恐懼或脆弱。因此長大成人後，他們為此飽受折磨，並在這些情緒出現時，陷入負面的思維模式。

我遇過非常多案主，是小時候就不被允許展露出脆弱的一面。因此，在他們長大後，只要遇到的事情，會激起難以處理的情緒，他們就會嚴厲批評自己，像是「我不應該出現這樣的感受」、「我太懦弱」或「我真沒用」。簡而言之，因為生命早期的經歷，讓他們在面對某些情境時，自然會產生特定反應。

自動化的思維與情緒反應，經常是日積月累形成的。除非我們能停下來評估這對人生帶來多大的負面影響，並決心努力改變自己的反應。在這方面，心理治療提供了一線曙光。你可以選擇新的思維模式，與更健康的情緒反應。改變是有可能的。

但好的心理治療不會只專注在蛋糕的最上層。當然，能快速修復情緒與思維自然很不錯。但倘若你想知道**永久**改變的祕密，那就需要審視蛋糕的中間與底層。因為這兩層，也會直接影響我們的想法與感受。

先來看看中間那一層。這一層很有意思，包含了所有我們透過家庭、文化、宗教、性別與各種成長經驗，所得到的原則與信念。接著，它們在有意無意間，形塑了我們心目中的理想人生。這部分不像頂層那般明顯，卻更根深蒂固。

從很小的時候，我們就學到，若想融入群體、擁有歸屬感、獲得安全感、被認真看待、受到接納等，就必須「遵守遊戲規則」。而這意味著，我們必須遵循學來的規矩和信念。這就是獲得社會接納的前提（或至少我們是這樣相信的）。當然，每個人預設的前提都不同，全視個人情況而定。但我一次又一次看到的前提條件是，要完美、成功、可靠、無私、成為好人、控制自己，和堅強。天知道有多少案主向我強調，不能讓別人覺得自己很黏人、軟弱、脆弱、頑固、失敗或令人失望，有多麼重要。

理論上，為了有最佳發揮，循規蹈矩、對人生抱持信念並無不好，尤其當這些對你有用、且不會造成痛苦，更是如此。畢竟，蛋糕的中間層對整體架構而言，是不可或缺的。但問題在於，規則和信念經常是死的。而僵化是一股極難對抗的力量。

倘若你的個人原則要求你，**必須**完美、優秀、成功等等，那麼你的人生將充滿荊棘。沒有人能隨時滿足這些要求。同樣的，倘若你認為取悅他人是你的責任、**絕對**不該讓其他人失望，而且**永遠**要做到最好等，那麼你的生命會充滿挑戰。你是人。而死板、僵化的規則與信念只會帶來痛苦，更會轉化成消極的想法與情緒。

想一想那些你要自己做到完美，最後卻不盡如人意的情況。倘若你對完美主義抱持著僵化的信念（或曾經有過），那麼可以想見，這勢必會引起負面、自我批判或自我貶低的念頭。「不夠好」、「失敗了」或「讓其他人失望」的情緒，占據你心頭。你的規則與信念，引發了想法與情緒上的痛苦反應。

另一方面，倘若你懂得變通、不會死守規則與信念，那麼同樣的情況可能會產生不同的結果。你或許能用更寬容的態度，來接受不完美的結果，像是「我已經盡力了，而且我可以從這次經驗中記取教訓」。這會是比較容易消化的情緒。

簡單來說，審視、調整與創造更靈活的規則與信念，能讓你不再下意識地冒出負面思維與情緒。而在這方面，心理治療就能派上用場。

在進入最有趣的蛋糕底層之前，讓我們先來快速複習一下重點。

蛋糕的最頂層是我們的想法與情緒，兩者緊緊相依。而這些思維與情緒會直接受第二層——我們的規則與信念所影響。

接著是第三層。在發現這一層會對所有事物造成影響時，你應該不會太意外。這是心理治療中最主要要處理的，也就是我們最深層的**基礎核心信念**。

每種治療模式，都有自己的一套去解釋這一層，但其根本都是一樣的。你的世界觀與心理構造，都是構築在基礎核心信念上。基礎核心信念可分為四大類型，以下是最常見的表現方式：

- **安全與保護**：相信自己是安全的，或者認定自己是不安全的。
- **討人喜歡**：相信自己受人喜愛，或認為自己不受人喜愛。
- **自我價值**：認為自己是有價值的，或相信自己是沒有價值的。
- **希望**：懷抱希望，或感到絕望。

讓我們來看看例子。倘若有人從小就缺乏安全感、不曾感受到被愛，其信念系統會深受影響。因此，他們的規則與信念，會著重在確保「安全」：「我絕對不能冒險。」「我必須要有計畫。」「我一定要得到保證。」或是，「我應該要取悅他人，否則他們就會拒絕我。」「我絕對不能展現出脆弱的一面，不然就會被拋棄。」

因此，當事人恐怕很難消化負面或批判性的思維，並認為「情緒控制」是很困難的事。受到人生經歷的影響，他們創造出一套根基極為不穩固的基礎核心信念，並表現在日常的想法、感受與反應上。但這並不是他們的錯，而這也是心理治療企圖解決的問題——不僅要解決主要問題，更要同時梳理自我責備或羞恥等次要問題。

要成為自己的心理師，你需要……

許多人都以為，心理治療就是一週聊天一次，回憶一下人生過往，並期待這樣就能改善心理健康，擁抱更美好的人生。倘若這就是你所想要的，那麼我很抱歉，這本書或許不適合你。我認為話還是要儘早說清楚比較好。

就我個人經驗來看，一旦少了積極與合作，心理治療就很難取得突破。對我來說，講話只是療程的一部分。療程同時還包含了：

- 各次晤談間，要完成的「家庭作業」。
- 一連串的行動，如改變行為等，而不是紙上談兵。
- 創造新的自我照顧模式，讓你懂得照顧自己。
- 持之以恆地投入，成為可持續的生活態度。
- 讓身心與情緒連結。
- 願意接受挑戰。
- 肯放棄固有模式。
- 不要期待光靠心理師，就能取得成效，自己也需要努力。
- 能以好奇、開放的心胸，面對各種可能性。

- 勇於改變。

在自我心理治療中，我也鼓勵你加入以下策略。我很樂意進一步解釋，以下策略為何有效：

闡述或回想自己的人生：這能幫助你處理個人經驗（我所謂的「處理」，意味著「讓大腦感知發生了哪些事情，並將記憶放置到腦中合適的位置」）。

需要實際參與和執行的活動：鞏固你的知識，幫助你改變行為或模式。

將事情寫下來：提高你做出必要改變的可能性。

挑戰自己的思維模式：創造出更有益、且能讓你活得更好的思維模式。

調節情緒：接受人性，不為壓抑的情緒所困。

接受令人難受的真相：聽完你的描述後，我得說自己常常聽到類似的經歷。而我也從中學到，這些情況背後，通常都有不能改變的事實。然而，真相或許很難讓人接受，但倘若你希望能向前邁進，那麼面對令人痛苦的真相，尤其重要。

如同我期望你能在這趟治療之旅所發現的，心理治療應該是主動，而不是被動的。這涉及到，你該如何生活、如何行動、如何活著、如何思考、如何應對人生、如何反應、如何照顧自己，以及如何對待自己。

這是認識自己、講述個人故事，還有了解自己的故事。這是知道自己想要什麼。這同時也是知道，自己必須做出哪些改變。這能改造你的人生。

如何踏出照顧自己的第一步？

不囉嗦，接下來，我會簡明扼要地說明。

我只要求你現身，保持開放的心態，相信經歷的過程，努力投入。最重要的，不要對自己太嚴厲。

倘若你認為本書所能給予的幫助，並不足以處理你的情況，請不要遲疑，立即向醫師或專業人士尋求協助。

準備好開始了嗎？那麼首先，我想要多了解你一點。

Chapter 2

從前從前，
我的故事裡……

無論生活看似多麼完美，每個人都有難熬的時刻。

比起長大成人，小時候面對難熬的日子時，要擺脫日常差事與義務，然後無害地躲進自己腦中的世界，是很容易做到的。但在成年後，我們沒有選擇，只能面對生命中的一切痛楚，並（經常是痛苦的！）感知與察覺到，這些處境所造成的影響。

許多年前，我曾在都柏林住過一陣子，「有什麼新故事？」（What's the story?）是當地相當常見的問候語，甚至取代了「哈囉」、「最近好嗎？」當然，沒人指望你掏心掏肺地說出一切故事，這只是禮貌性的詢問。不過，我很喜歡這句問候語，它流露了對人最自然的關懷，或至少在那一刻，希望能對對方的故事表達認可與理解。

此刻，我也要提出一個極為相似的問題：「那麼你的故事呢？」你的故事深埋著許多寶藏，不僅能讓你發現自己是誰，更能讓你知道該如何過上更富足的人生。

你的故事裡，將交織著黑暗與光明，失敗與成功，失去與救贖，無助與希望。這些全都是生命最多采多姿的點綴。但問題來了：痛苦的經驗總是在我們腦裡揮之不去，且長期下來可能會導致情緒大起大落、焦慮，並危及我們的日常表現。

我希望能指導你該如何應付這些挑戰，並透過日常自我心理治療，幫助自己度過每日的酸甜苦辣。

但在踏上「成為自己的心理師」之旅前，必須先進行基礎工作。我知道這很痛苦，而你或許想著，「快點給我解藥吧。」但事實就是，**你**就是解藥，這也是為什麼我們必須從你的故事開始。**因為你的故事很重要，值得被講述**。

講述自己的故事，有助於你將生命中的歷程，與今日的自己連結在一起。生命中的每一個事件，就像是一片拼圖。一旦將拼圖拼在一起後，遲早會有那麼一個瞬間，你終於看清拼圖的全貌。這個全貌呈現了所有關於你是誰，以及你為什麼會這樣的訊息。舉例來說，一個經常遭父母單獨丟下的孩子，長大後或許會發展出「害怕被遺棄」的心理狀態。藉由訴說自己的故事——將拼圖拼在一起，來自我覺察，是心理治療的本質。這樣的自我覺察能讓你感覺更安全、更穩定，也能更好應對低潮、害怕或失控的情況。此外，還能讓你更快地恢復。

說出人生故事，會讓你經歷「頓悟」的一刻。這些時刻裡，你感覺就如醍醐灌頂，茅塞頓開。無論你是否相信，你的故事就是力量的泉源。儘管我們無法改變故事，卻可以從中拾起力量與智慧。而且我指的是全部的生命故事，即便是那些最糟的部分。我認為，除非你能慢慢接納自己的故事，並接受故事的本貌、而不是自己所期望的，不然任何心理治療或自我治療都無效。

但這樣還不夠。將自己的故事告訴別人也很重要。這是賦予自己力量的方法。一旦你有勇氣說出自己的故事，就意味著你不再為此感到羞恥。這能改變你的人生。

因此，我希望能邀請你（或許這是你人生中的第一次），說出你的故事。

開始前，如有以下習慣，請注意……

在深入這個環節前，你或許已經用過許多行得通的方法，來處理人生的問題。你說不定早已準備好不同版本的人生故事，好根據不同情況來使用。

你很有可能無意間採取某些心理策略，以逃避說出自己的故事，或改變某些細節，好讓故事聽上去更恰當、或更容易被他人接受，像是：

否認，亦即你不想接受發生在自己身上的事。說來就像，「一切都還好。」

輕描淡寫，刻意忽視帶來重大影響的經驗，以逃避隨之而來的痛苦。說來就像，「我的情況還不是最糟的。」

災難化，你誇大了負面經歷，因為你希望其他人能認可你的痛苦。說來就像，「糟到不能再糟了。」

反芻性思考，你（錯誤地）以為只要絞盡腦汁思考自己的故事，就能帶來更大的幫助。說來就像，「有一次是……還有一次是……然後還有另外一次是……」

解離，用他人的角度來面對自己的故事，或拒絕回憶，以逃避人生故事所帶來的痛苦。說來就像，「我記不清了。」

迴避，避免談論自己的故事，因為這麼做能讓你好受一點。說來就像，「我不太喜歡說這些。」

幻想，假裝自己經歷了某些並沒有發生的事，或某些事情確實發生了、卻假裝沒有發生。說來就像，「一切真的都很棒。」

潛抑（repressing），將一段記憶埋藏在心底，期望這件事離你遠去。說來就像，「我情願專注於未來，而不要去討論這些。」

過程中，倘若你發覺自己不小心用了以上把戲、或講著那些排練過的人生故事，請慢慢停下，倒帶，再以不帶批判的態度，重新開始你的故事。

在我二十歲出頭，第一次接受心理治療時，我認為自己還算「井井有條」。就連我身邊的人，也有同感。我當時正打算出櫃，但心想先找個人聊聊再行動，應是比較明智的做法。因此，第一次晤談時，我用非常公式化的口吻，照本宣科地對心理師講述自己的故事。一切都很好。我也很好。我的人生也不錯。我的家庭很好。每件事都好，很棒，非常棒！心理師示意我暫停一下，接著非常平靜地對我說，「你對我說你很好，但你看上去有一點難過。」就這樣，「一切都好」的假象幻滅。我突然發現自己淚流滿面，於是我們從頭來過。想當然耳，我並不好，是時候停止偽裝了。這不僅是一種解脫，更是重新認識自己的起點，一個光憑我自己很難站上去的起點。誰能料到「我很好先生」根本搞錯情況，且一錯就錯了這麼多年？

你的人生故事，要這樣說

每當我請案主說自己的故事，最常聽到的問題就是「該從哪裡開始講？」話說在前，我從來不會鼓勵當事人鉅細靡遺地交代一生，因為我認為這樣可能會導致反芻性思考（過度思考有時會讓我們卡住、動彈不得）。相反的，我比較偏好類似電影摘要的版本，但純粹是因為這樣個案比較會聚焦在真正重要的事上，不會一直離題。

我們可以列出所謂的「時間軸」（timeline），來製作「電影摘要版」的人生故事，依序可分為四個步驟：

①寫下你的時間軸初稿（亦即你的人生故事）。

②第二版：重寫。

③第三版：感覺如何？

④向那些願意尊重故事豐富性的人，分享你的故事。

這個架構能幫助你將重心放在故事的重要面向上，以期得到徹底的宣洩。我會鼓勵你以嶄新的方式來訴說自己的故事，好讓你能從旁觀的角度，去理性看待。有些時候，我們會投注太多情感在講述故事的方式上，而非故事本身，導致我們無法後退一步，以更平靜、理智的方式來評估。另一方面，完全抽離故事或講得就像是別人的故事般，這種情形也絕不少見。

我曾經治療過一名二十一歲的個案，當我請大家將自己的時間軸寫下來時，他交給我一張白紙，表示自己想不到生命中有任何一件事，是值得寫下來的。當然，我知道這絕對不可能是真的，但這張白紙告訴了我，我們還有很多努力要做，但這是很好的起點。一條很清楚的道路。這切實地反映了人們在思考人生時，所感受到的空虛與解離。

無論如何，與這位案主不同的是，**你**就是自己的心理師，因此投注時間來做這件事，絕對非常重要。這一部分，就像是整個過程中的寶藏所在，你付出越多，收穫自然也會越多。

第一步：你，才是自己生命故事的專家

寫下你的時間軸初稿（亦即你的人生故事）

唯一有資格寫下你故事的人，就是你。沒有人能精確描述你的人生是怎麼樣的。儘管別人或許能談論，他們眼中的你的一切，但沒有人能知道所有的私下談話、靜靜共享的時刻，或哪個事件對你造成的影響最大。你才是自己故事的專家，因此這個故事必須由你親自來說——只有你，一刀未剪，完整呈現。

該如何呈現自己的故事，全由你作主。多數人傾向於寫下來，但這麼多年來，我也見過透過素描、畫作、詩歌，甚至是迷你短片的形式！你選擇何種方式並不重要。重要的是，必須把故事說出來。

在回憶生命事件時，我建議你抽出幾個小時，到一個隱密、不受干擾的地方。請試著把練習當成大事來對待，幾乎就像是出席會改變人生的重大會議。我建議你選擇舒適、且能讓自己感到平靜的地方。不要在你的狗正開心撲向你或煮晚餐時，進行這件事。這是個機會，讓你去做一件能為人生帶來強大力量與正向影響的事。你必須全神貫注且心無旁騖地去做。

每當你因為寫故事，變得非常痛苦時，請停下來休息一會兒，等自己準備好了再繼續。倘若你擔心自己獨自進行這件事太困難，那麼你隨時都可以尋求專業心理師的協助。儘管此過程的某些部分會讓人不舒服，但不妨想一想，任何有意義的事都不容易。

在教你如何進行這個步驟時，我是以「書寫」為例。倘若你想使用其他方式，請隨自己的需求進行改變。

在我們開始之前，要不要先來場暖身？讓我們假設你現在四十歲。你希望反思迄今為止，人生中的所有大事件，從嬰兒時期一路到現在。我會建議你以十年為區間，來組織時間線。舉例來說，零到九歲、十到十九歲、二十到二十九歲以及三十到四十歲。

倘若你回想不起幼年時期的具體事件，那也沒關係。或許有些家庭故事跟你有關，但如果你真的想不起來，請不要勉強。因為這必須是**你的**故事。

下面是時間軸可能的樣貌：

首先，在每一格的最上頭，你要

年齡／年分	**經驗** 健康、家庭、教育、工作、重大生命事件等。	**意義** 該事件當時對我的意義（例：我很孤單、不被疼愛、受到不公平對待。或是，別人傷害我，拒絕我）。
0–9		
10–19		
20–29		
30–40		

列出生命中所有快樂、開心、值得慶祝或正面的事件與時期。這或許包括了贏得獎項、進入一段新關係和墜入愛河、展開一份工作或在考試中表現良好、愉快的假期、辛苦付出終於獲得回報、超棒的派對等等，任何能讓你肯定生命的事。我極力勸你不要過度思考、或分析腦中冒出來的事。單純讓回憶浮出水面，再不帶評判地紀錄下來。此刻，最重要的就是不帶批判與誠實。

在另一個分開的欄位中，你要進行同樣的步驟，只不過這次要專注在悲傷、困難與負面的回憶上。這或許包括了分手、喪親之痛、丟了一份工作、在某件事情上失敗、被霸凌、生病，或那些做過覺得羞恥的事。無可避免的，你會重溫某些不愉快的回憶，並感覺這一練習不太容易。這百分之百絕對正常，就算你「感覺不太好」，請不要慌張。心理治療可能很難。允許自己觸及回憶中的黑暗面，能讓你成長。或者，如同我有時喜歡說的，作物沒有堆肥是長不好的！

無論是正面或負面的回憶，都請記得：別人的意見並不重要。舉例來說，不管是基於何種原因所引發的聯想，像是回憶起自己因弟妹出生而感到難過、或因為某位刻薄的長輩過世而開心等，都請如實寫下。允許回憶保持原狀，而不是別人認為你應該怎麼樣。

第二步：哪些故事該留，哪些故事該修？

第二版：重寫

完成初稿後，我建議你不妨休息一到兩天，不要看稿子。你的大腦需要處理這些塵封已久、又再次被翻出來的記憶，甚至還可能喚起不曾掛念的回憶。

在你休息了幾天後，請重新看看自己的時間軸，同時思考下列問題：

- 這些看上去是否為真實、一刀未剪且完整呈現你的故事？
- 內容是否紀錄了你最掙扎與痛苦的時候？
- 是否在某些細節上刻意粉飾太平，或疏漏了一些事？
- 我是否毫無保留地對自己誠實？

思考這些問題後，你是否覺得自己需要重寫一遍？有哪些回憶是你第一次寫的時後忘記了，或有哪些空白是需要填補的？事件的先後順序需要調整嗎？倘若如此，請自由調整自己的時間軸（別忘了，只要你想要，在進行這些步驟前，不妨留下一份初稿的檔案。觀察故事的轉變也是很有趣的事。）

假如某些回憶無法恰當地放進時間軸，你可以將它們另外紀錄下來，放在不會弄丟的地方，等到有需要時再拿來看。

第三步：允許自己去感受

第三版：感覺如何？

到目前為止，我們都是專注在故事的細節上。但我們的目標是學習成為自己的心理師。所以，沒錯，就跟你想得一樣！我們也必須觸碰那些最棘手的部分。

在進入下一步之前，我希望能在這裡補充一下，關於「感受」這件事。許多人都認為自己應該隨時感受到「正面」情緒，並認為出現「負面」情緒，就意味著某些地方不對勁。之所以如此，部分原因在於，正面感受自然讓人感覺較好，但整個社會、網路與出版媒體及廣告商，不斷向我們灌輸「擁有正向思維是好的」，也是原因之一。可是，人不可能一直感覺良好，因為充實的人生往往也意味著，經常遇上充滿負面情緒的低潮時期，而這些也是我們可以反思和學習的機會。這些負面情緒就跟你的正面情緒一樣，都深具意義。事實上，我喜歡將情緒視作晴雨表，一個找回穩定的指標。人生就像是裝滿各種情緒的袋子，這就是人生的本貌。倘若我們從未經歷過痛苦，又怎能體會順遂的美好？

簡而言之，**所有**的情緒都在試著給予我們幫助與指引。與其將它們貼上「好」或「不好」的標籤，不妨敞開心胸歡迎它們，視其為一種樂趣。這將帶來令人難以置信的解放。

讓我們帶著這樣的思維，重新回到時間軸。話說回來，當你在回想人生的各種事件（無論是在寫初稿還是第二版時），有哪些情緒湧上心頭，也很值得細細品味。某些反應說不定會讓你有些吃驚，也或許有某些時刻，你並沒有感受到自己預期該有的情緒。因此，在回憶人生的重要事件時，或許能用不同顏色的筆，把浮現的情緒紀錄下來。我鼓勵你帶著好奇的心，去思考這些圍繞在人生重大事件上的情緒。就算出於各種原因，你無法消化這些情緒，那也沒關係，至少它能幫助你了解某部分的自己，像是：或許你與某些感情脫節。也或許，某些感受就是很難歸類，這也沒有關係，但這些是值得我們努力去釐清的目標。

請記得，在這個階段，你不需要試著對自己的感受下手。你只需要去發現它們就在那裡，並允許自己去感受。在這些感受之下，或許存在著某些新資訊或「靈光乍現」的時刻。但請不要強迫自己，讓一切順其自然地發生。

我還記得自己在接受心理治療時，也經歷了這個過程，並發現了很有意思的事物。我想起青少年時期，在一次校外教學中，突然開始想家的回憶。我因為離家很遠非常難過，而這意味著某位老師必須開車載我回到父母身邊。當我在探索關於這個事件的情感時，我發現自己出現了尷尬和羞恥的情緒，儘管我之前認為自己只是因為遠離家裡，而感到焦慮而已。但這些情緒告訴我，我很擔心自己讓父母感到失望，並因此萌生了尷尬與羞恥感。數年後，我終於明白就是這樣一件微不足道的事，導致我發展出一套信念——我必須忍耐，好避免落入尷尬或丟臉的處境。

倘若我們願意，讓這些感受來帶領我們，是極為美妙的事。在第三章梳理你的故事時，會進一步探討我們能從過去事件所引發的情緒反應中，學到什麼。至於現在，請留心這些感受，並提出問題——「我想知道為什麼？」這樣就夠了。遲早，我們會體悟個中原因。

我強烈建議你在這個步驟中，不要過度思考、過度分析或過度反芻過去的事件及你的情緒反應。某些記憶比其他記憶更重要。某些反應一點都不合理。快樂的回憶或許會觸發悲傷的情緒。痛苦的記憶說不定會引發一系列的情緒、甚至麻痺的感受。反應並沒有對錯。情緒就是情緒。但它們能讓你知道更多關於自己的事，以及你對人生的回應。這點，我能向你保證。

除了紀錄下自己對特定事件的反應以外，去思考製作時間軸讓你產生什麼樣的感受，同樣也有助益。下面是幾種我經常聽到的反應：

- 我非常喜歡。
- 很難受。
- 我試著逃避。
- 我一直拖。
- 我非常渴望趕快完成。
- 我很想逃避自己的過去。
- 令人驚訝。
- 我埋藏了這麼多的記憶。
- 我遺忘了許多美好的時光。
- 讓人激動。

坐下來創造自己的時間軸，就跟你對事件的情緒反應一樣，別具意義。順帶一提，我自己在做這件事時，情緒有些煩躁，因為我必須面對長久以來一直逃避的人生面向。而惱怒的感受，點出了我的逃避。我明白自己在某些時候，會企圖閃避人生那些令人不舒服的情況。

或許在進行此一活動所蹦出來的感受，對此刻的你不具意義，這也完全沒關係。我們會在第三章「梳理」你的故事、並將其與現在的人生進行連結時，進一步去抽絲剝繭。

第四步：現在，就成為說故事的人

向那些願意尊重故事豐富性的人，分享你的故事

曾有這麼一句話，「每個人心中都有一本書。」我認為這是真的。每個人都有一個於自身而言，獨一無二的故事可講。而我認為讓大家有機會開口，說

出自己的故事，非常重要。一旦你說出個人故事，就有機會被看見、聽見，獲得認同。

我從事緩和療護多年，有時候，我會遇到那些臨終、卻從來沒有機會訴說自己故事的病患。有些時候，他們會與我分享這些故事。那是無比珍貴的時刻。我非常榮幸能聽到這些故事。看著他們眼中的光彩隨著生命旅程的跌宕，而神采飛揚或變得黯淡，總會讓我情緒激動。我已經數不清曾有多少次，聽到臨終者對我說：

- 能說出這些事讓人感到解脫。
- 我很高興有人能知道這些。
- 謝謝你願意聽我說。
- 我不認為有人會對我的故事感興趣。
- 我感覺如釋重負。

此刻，你有機會在活著的時候，就說出自己故事的全部樣貌。你不需要等走到生命的盡頭，或更悲傷的是，根本沒有機會說出口。現在就是時候，也因為我們只能擁有此刻。沒有人能保證明天會是什麼樣。

找個人，陪你聊聊生命故事

我會試著不過於死板，因為只有**你**才知道，如何說好自己的故事。畢竟，這是你的故事。沒有人比你更了解。

因此，現在我所能做的，就是分享幾個小技巧，試著幫助你從這個過程中，收獲最大的可能。

首先，請選擇一個能讓你自在的對象。向他們解釋，你做了一張關於人生的時間軸。我在面對個案時，總會建議他們去找心目中的真實**夥伴**（PAL）。

這些對象的特質通常為：

P：Present，全神貫注於此刻。

A：Accepting，願意接納。

L：Loving，充滿關愛。

避開那些會打斷、批評、插嘴說自己的事，或不尊重你的故事的朋友或家人。

我必須強調，倘若你的故事包含了非常痛苦或創傷性的內容，請不要猶豫，立刻向醫生或心理健康專業人士尋求協助。多數議題確實可以透過人際關係來處理，但知道某些專業的介入是重要且必要的，不失為一件好事。

請找到一處安靜且私密的地方。酒吧或夜店絕對不是進行這件事的好場所！然後，一切就交給你了。向某人分享你的時間軸，請毫無愧疚且誠實地把自己的故事說出來。請記得，你要展現自己，放下防備心，讓對方看到**真實的你**，褪下一切我們總喜歡用來掩飾自我的社交武裝。這需要極大的勇氣。而你非常勇敢。

在說故事時，請盡量避免離題、或讓聽者在你說話時「治療」你。讓故事順其自然。讓情緒獲得發酵，在有需要時停下來，深呼吸、笑、哭，為自己走向蛻變，感到驕傲。

在這部分的工作完成後，下一步，就盡可能挖出人生故事中所埋藏的一切。這也是「梳理」階段，是你發現自己的開始，隨著時間推移，你會更全面地認識自己，知道自己為什麼是這個樣子。更詳盡的內容，請見第三章。

至於現在，就讓你去說自己的故事。

不快樂的「人生勝利組」

我發現分享個案的故事非常有用，因為這些故事往往能讓問題更具體，或釐清你可能會有的問題。

奈傑爾在一間大型企業工作。他來到我的辦公室時，共有三件事情想求助：

- 焦慮（該症狀經常在星期天晚上加重）。
- 感情觸礁。
- 萌生失敗者的感受。

這些問題不該是他會有的問題。他在工作上表現優異，人際關係順利，在事業上更是極為成功。他憤怒地脫口而出，「我就是搞不懂這些該死的感受！」而我向他保證，我有自信能找出這些感受的源頭。

初診後，我們開始探索他的時間軸，但他痛恨這個活動。他表示自己覺得很煩躁，因為他希望治療能讓他「開心」，而不是沮喪。但是，無可避免的，這份時間軸是讓我們理解他為何痛苦的根基。

他來自一個充滿關愛的家庭，父母對他全心全意的付出，他的人生也沒有遭遇過任何重大創傷。當然，他經歷過高潮與低潮、心碎、分手和某些痛苦的時刻。儘管如此，透過時間軸，能觀察到生命中的某段關鍵時光，對他產生了巨大的影響。

奈傑爾在十一歲時，被送去了私立學校。父母認為那裡對他較好，但他非常不開心，因為朋友全都念本地的學校。他從來沒有跟父母說這件事，因為他怕他們失望。他希望能去一所戲劇學校，但他知道這絕對不會是父母所樂見的。這觸發了失敗的感受。

他回憶起每到禮拜天，他就會感受到恐懼。這種在週日晚上萌生的恐懼感，從來沒有離開他。而在心理治療的過程中，我們發現他這份體面的工作，就像是學校生活的延伸。他一點都不想待在那裡，他過著自己並不想要的人生。現在，一切的焦慮都有了道理。

此外，父母把自己送進私立學校，也讓奈傑爾覺得，沒有人願意聽他的。長大後的他，可以體諒父母當初只是認為那樣做對他最好，但青少年時期的他，一心覺得受到忽視。這導致奈傑爾無法信任那些希望能與他更親近的人。他說自己曾經故意破壞一段感情，只因為不想被拒絕。這種對人的不信任感，一直沒能解決。

倘若奈傑爾沒能鼓起勇氣說出自己的故事，我們就永遠無法知道這些痛苦背後的核心原因。現在，他的焦慮、感情關係與失敗感受，全都變得合情合理。接下來，奈傑爾就能把心力放在，改掉無法信任自己與他人的不健康態度。

Chapter 3

人生，
就像一幅拼圖

我在前面章節使用過這個比喻，而我打算再拿出來使用，因為這能完美解釋此刻我想交代的事：心理治療，有點像在拼拼圖。一幅拼圖有非常多個碎片，如同你人生中的每一次跌宕起伏。但直到你將拼圖全部拼好，人生的全貌（你是誰、你為什麼會這樣），才終於一目瞭然。只要有一片拼圖缺失，這份拼圖就不能完整。我們需要每一片拼圖。

在面對你的故事時，也同樣如此。我們不能選擇性地只去看某些事件，只因為這些事讓你感覺很棒。假如我們希望能了解自己，知道自己為什麼會這樣，就必須理解故事的全貌。即便這意味著要面對某些醜陋的感受與時光，那些我們表現得很差，或感覺自己很渺小的時刻。

你或許會想知道，為什麼了解自己的故事是如此重要。其實，過去埋藏了一切。我數不清曾有多少次，在諮商室中聽到對方說，「我真的有必要全部都講一遍嗎？」最簡單的答案就是：沒錯！因為在你的故事中，有許多寶貴資訊，能讓你養成覺察，進而改變人生。故事所埋藏的力量，遠超過你的想像。

儘管前文已有提到，但這裡值得再次強調：沒有人能講述你的故事，或如你那樣賦予故事意義。我能指引你方向，但只有你才是自己人生的專家。我經常這樣提醒個案。我永遠都不可能真的明白，他們對事件的感受或經歷。是的，我確實可以猜想並感同身受，但永遠無法真正體會他們所遭遇的。

這讓我想起了個案茱莉，她講著自己在十歲入學的那天，無法穿著新鞋去上學的痛苦回憶。所有孩子都穿著新鞋，只有她沒有。當時，他們家的狀況並不好，父親又酗酒。說著這段故事時，她哭得非常傷心。看著泣不成聲的她，我猜想她的難過應該是出於尷尬，或與學校朋友有關的羞恥感。但我錯了。她的痛苦源自於嚴重的生理不適——她的鞋子太緊了。她沒有跟母親說。茱莉認為自己不能讓已經焦頭爛額的母親更難受。她害怕自己的需求，會讓家庭的處境雪上加霜，甚至導致整個家分崩離析。因此，她學會隱忍，且不只是在童年時光裡，就連成人後也同樣如此。她的眼淚源自於一生中未能說出口的種種需求，以及害怕對他人造成的負擔。而在心理治療中講述自己的故事，並將所有拼圖歸位，則改變了一切。倘若沒有心理治療，她的餘生恐怕都要受此折磨。

這也是為什麼你的故事至關重要，以及為什麼你、也只有你能賦予故事意義。

該如何連結過去與現在？

現在，你說出了你的故事，因此在本章中，我將帶領你了解其中的意義。我們會把過往事件與當前的你，連結在一起。這有助於你了解此刻的自己，為什麼會這樣。

第一項活動的目標，是理解你目前面臨的掙扎究竟為何。

接著，我們會回顧你的時間軸，找出哪一段時光或事件，可能是導致你出現掙扎的主因，亦即最重要的**謎題**。

最後，我們就能針對你的掙扎之處，尋找可行的解決方案。這些解決方案將納入你在未來的日常練習中，所能採用的技巧。

請記得，此處我們只會進行最基本的動作。之後，我們會進入到你該如何成為自己的心理師。但就現階段而言，我們只需要專心回答這幾個問題：

- **你此刻的掙扎為何？**
- **你的故事或許能如何解釋你的困境？**

你此刻的掙扎為何？

我明白這是很難的問題，且倘若你跟我一樣，那麼這個問題的答案更是每天都不同。這非常正常。我們對生活的想法、感受與反應，就如同天氣般，總是處於不斷改變的狀態。然而，總會有一些負面議題是一而再，再而三地出現。但生活是如此忙碌，我們或許不曾關注這些反覆侵蝕身心的問題，直到我們決定去面對自己的情緒、思維與行為。這也是為什麼，我們現在必須努力去覺察那不斷波動的情緒狀態。一旦你覺知到阻礙著自己的重大心理挑戰，你就能採取行動、改變人生，從而解決這些問題。覺察，能幫助你重拾人生的方向盤。

其實，發現自己能從「達賴喇嘛」瞬間變成「綠巨人浩克」，是非常有趣的事。

最近，我走了一趟鄉間，去冥想，感受心靈富足，好像與世無爭一樣。十分鐘後，我猝不及防地跌進一個坑裡，渾身沾滿了牛糞。毫不意外的，我的想法與情緒大變，一邊蹣跚地從坑裡爬起來，還邊爆粗口！

謝天謝地，我重整了自己的情緒，並因為眼前的處境笑了起來。這就是我從心理治療中所學到的。但有許多人在面對每日的起伏時，很難穩住自己的反應，反而陷入無益的情緒狀態中。倘若你覺得這聽起來再熟悉不過，那麼或許某些情況正觸發著你心裡的負面情緒循環。

你可能會發現，要找出人生的主要課題，是很難的事。我能提供某些或許能幫上忙的經驗。從事醫療照顧行業三十多年，我目睹太多心理與生理飽受折磨的情況，而在那段時間裡，我發現絕大多數人的痛苦，都跳脫不了四大範疇。

絕大多數心理治療的研究，都能支持我的經驗，只不過用著不同的詞彙。痛苦的四大範疇經常圍繞在：

①缺乏自我價值感。

②缺乏安全感。

③絕望感。

④質疑自己是否值得被愛。

稍後，我們會進一步解釋這四大範疇。請注意它們與前文的蛋糕第三層（你的基礎核心信念）的關係。

在每一個類別之下，自然還有「個人奮鬥番外篇」。舉例來看，自我肯定感偏低的人，也可能出現社交焦慮。也就是說，你說不定經歷了一連串的心理掙扎，而你原本以為需要一個個去解決，但它們其實全都息息相關，且可以一次有效解決。

或者，你的主要心理障礙乍看之下，沒有落在這四大範疇之內。但仔細推敲，會發現它們與其中一項密切相關。

面對人生百態，沒有什麼是非黑即白的。無論你的困境為何，請試著釐清該困境與這四大主題的關聯。

察覺自己正在面對的難題為何，是非常重要的。倘若缺乏一定程度的洞見，我們將無法前行。而以下這些我天天都能聽到的推託之詞，並不值得鼓勵：

- 「事情也沒那麼糟。」
- 「事情還可能更糟。」
- 「其他人的情況比我還慘。」
- 「糾結這個沒什麼意義。」
- 「我就是這樣。」

倘若你看到這幾句話忍不住笑出來，那麼，我就是戳中你的心裡了！讓我們更詳細審視這四大範疇。別忘了，你的日常困境或許就與這些主題息息相關。

痛苦的四大魔王

缺乏自我價值感

缺乏自我價值的形式有非常多種，且在不同人的身上，會引導出非常不一樣的行為與感受。但就本質來看，自我價值感低落，就是覺得自己「在本質上比其他人差」、「不足」，或「不夠好」，即便這些負面感受毫無依據。而它體現的方式也非常多種，從缺乏自信心、躲避其他人事物、自我設限，或與內心那充滿強烈懷疑的獨白做鬥爭、質疑、自我貶低，甚至是自我厭惡。**這是帶著有所不足而活著的感受，是帶著歉意而活，也帶著痛苦而活**。

其他人看上去都過得比你好，而你做什麼都不夠好。缺乏自我價值會影響你的家庭、個人與職場生活，還有生命的每一個面向。一切都可能讓你覺得是一場艱苦的戰鬥。你或許會透過酒精、藥物、食物等任何可扭轉心理狀態的物質，來平撫自己。此外，你可能還會有迎合他人、過度補償、完美主義的傾向，而且不會投入那些你覺得不值得的事物。

人生變得就像是一場企圖隱瞞、或彌補你「不夠完美」的嘗試。倘若這完全符合你的情況，且你還是剛剛才意識到這點，那麼這部分讀來恐怕有些痛苦，甚至翻攪出難以平復的情緒。但這種不適感，是重要且健康的徵兆。不要逃避，因為這能讓你獲得體悟，明白自己不僅足夠好，甚至非常好。

缺乏安全感

在所有心理治療模式中，獲得安全感都是首要考量。對個人發展而言，獲得安全感也非常重要。一旦擁有足夠的安全感，往往能在生活中的各面向表現良好。相反的，要是覺得不安或受威脅，就會感到痛苦。換而言之，就是陷入了焦慮。不幸的是，並非所有人都能在令人感到安全或安穩的環境中成長。許多家庭都被衝突所支配。許多街區更充斥著犯罪。許多人會因為自己的與眾不同，無論是膚色、種族、性向、宗教或性別，而感受到威脅。我遇過許多在飽受戰火、分裂與壓迫國家中長大的人。我也遇過許多人，遭遇了暴力、威脅、虐待、霸凌或羞辱（有時候甚至是來自原生家庭的傷害）。

總而言之，我們生活在不完美，有時甚至不安全、混亂、難以預料的世界。因此，毫無意外的，許多人在成年後仍感到不安全、脆弱與飽受驚嚇。他們的大腦，根深蒂固地感受到持續性的威脅與焦慮。而這樣的情況，往往會因為自己違背那些自認「應該要堅強、具高度適應力，且控制好自己」的信念，而變得更加嚴重。但心理治療能重新連結大腦，降低其感受到持續性威脅的傾向。

絕望感

你是否曾經注意到，年幼的嬰兒會對所有人微笑？他們不懂得批評，看不見人們身上的缺點，還帶著敬畏的心情注視一切，更對一切的可能性抱持興奮。這是等待探索的世界。他們很容易就滿足，而且需要的不過是吃的、喝的、居所與愛。要是需求沒得到滿足，小寶寶會哭，但會在安心的時候穩定下來（這占多數時候）。我可以想像此刻某些爸媽正忍不住翻白眼，尤其在熬了那麼多個夜晚之後！

但這並不是永恆不變的狀態。嬰兒很快就長大了，他們會吸收身邊所有的互動、經驗與情況。視情況而定，某些嬰兒會學到，這個世界是安全的地方，某些嬰兒卻感受到害怕與不安。萬一情況為後者，他們遇到的人往往是充滿怒氣、不滿、不抱任何幻想或缺席的。而他們的處境恐怕很艱苦，有時甚至貧困。像是，金錢、食物和就業機會不足，或持續性地匱乏。圍繞在他們身邊的語言總是消極和悲觀。無論是最赤裸或含蓄地表達，他們都明白，「希望」是留給其他人的。

這樣的經驗就是他們的日常，因此情緒問題、抑鬱或缺乏動機對他們來說，更是稀鬆平常的事。前仆後繼的絕望感，是一條專為他們鋪墊好的道路。

然而，**沒有人會自願選擇絕望**。最後，他們變得精疲力竭。而他們的絕望源自於經驗的累積。但謝天謝地，我們可以創造新的經驗，讓療癒發生。希望是有可能的。至少在我執業的三十多年間，每天都目睹了這一點。心理治療是受希望所驅使，而你我會一同見證。倘若此刻的你就帶著一絲絕望，我能向你保證，事情**可以**變好。只是需要一點時間與努力罷了。

質疑自己是否值得被愛

你是否曾經注意到，許多暢銷歌曲的歌詞都是圍繞著愛情、心痛與失去？

比方說，〈你需要的就是愛〉（All you need is love）、〈情不自禁愛上你〉（Can’t help falling in love）、〈我會永遠愛你〉（I will always love you）、〈愛是買不到的〉（Can’t buy me love）。

愛虜獲我們。愛收買人心。大家都說，愛讓世界變得更好。毫無疑問的，所有人都想要愛，無論我們怎麼去定義愛。

愛意味著感受到緣分、關注、傾聽與理解。我們渴望獲得歸屬感，也希望知道自己並不孤單。倘若缺乏愛，我們或許會想，「我是否值得被愛？」

但並不是只有單身的時候，我們才會去質疑自己是否能獲得愛。某些人發現自己即便處在愛情關係中，仍舊會問同樣的問題，有時是上一段感情結果或經驗所致。許多年前，我從一位耶穌會牧師口中，聽到直擊靈魂的發問：「倘若你真的了解我，你還會愛我嗎？」這個問題，點出我們許多人之所以質疑自己是否值得被愛，是因為認為自身的不完美，讓我們天生就較不值得被愛。但我覺得，正是缺點，讓我們更可愛。

倘若**從來沒有**人跟你說，你是被愛著的，那你有這樣的疑問自然很合理。但這並不意味著真相就是如此。畢竟，並不是所有人都懂得表達愛。我來自充滿愛的家庭，但「愛」這個字並不經常掛在大家嘴邊。你的情況或許也跟我一樣。

還有另外一種可能性，我希望你好好地思考。你生命中的某些人，或許沒能如他們所應該的那樣去愛你。但這並不意味著你不值得被愛，只是那些人真的不知道該如何去愛。舉例來說，父母不曉得該如何向孩子表達愛。他們就只是不懂該怎麼做。但我們也必須考量到，或許他們自身從沒有見證過愛。而說不出口愛或無法表達愛的情況，是會跨世代的。有一句我時常引用的俗語，很好地闡述了此一道理：「每個人都有錯，但沒有人應該被怪罪。」

無論你在「愛」方面的經驗為何，知道自己值得被愛，是獲得充實、快樂人生的關鍵。忽視此點只會造成扭曲。我們會一起面對，你認為自己不值得被愛的信念（倘若這就是你心中的想法），然後繼續前進。因為不管你是誰、你的故事為何，或是曾經犯下什麼錯，你都值得被愛。我們所有人都是。我們生來如此。

給你一點功課

我聽到你在嘆氣了，但會值得的。

讓我們將功課分成好應付的分量，並根據上述剛解釋完的四大範疇，來探索你對其的想法、感受與行為。但也許你對其中一個領域特別有感，所以不見得全部都要爬梳一遍。比方說，倘若安全感對你而言不是大問題，那麼不去探索此一範疇自然沒什麼關係。此刻，駕駛是你，你可以全權決定要全速往哪裡去。

我應該一開始就先講清楚，心理治療跟做水療不一樣。你不會總是感受到被寵愛或滿足。會有某些時刻，你對我說的話感到不高興。你或許會想把書砸到牆上，或用髒話問候我。但不用擔心，這些我都遇到過。我很確信一定是某位心理治療師，說出這樣一句大家時常掛在嘴邊的話，「不勞則無獲。」

但另一方面，心理治療能帶來蛻變，且保證變不回去。我知道我已經講過，但此刻值得我再次重申：許多人可能會很失望，因為心理治療並不總是讓他們感覺「很好」。但它本來就不應該啊！成長是很辛苦的。而痛苦的時刻往往最具力量。有的時候，當你串聯起某些真相時，你或許會感到痛苦。你可能會感到抗拒、憤怒、悲傷、挫折，或企圖逃避這些湧上來的反應。我強烈鼓勵你盡可能地沉浸在這些感受中。因為它們的存在必有意義，也有目的。每當自我心理治療的過程讓你感到難受，不妨想想這一點。這一切將賦予你力量。

練習一：承認自己「其實不好」

如何找出自己的痛點？

等你想好要對付四大困境中的哪一項之後，請騰出時間，在不受干擾的地方，**一次**專心處理**一個**困境。倘若可以，請在每一個困境上，投入三十分鐘。我建議你在面對每一個心理掙扎時，依序詢問自己後文列出的問題，並做筆記。但別忘了，倘若你想要處理的困境是**絕望感**，那麼在詢問自己問題時，請把這個主題放在心上。

你或許會發現，有些問題觸及到的心理困境很相似，你也給出了類似的答案。這完全正常。

容我再次提醒心理的四大困境，以及日常生活中可能與其相關的範例：

- **缺乏自我價值感**：沒有自信心、自我懷疑、害怕風險、自我批判、覺得自己不值得、認為自己不夠好。
- **缺乏安全感**：感覺焦慮、可能引發恐慌症、恐懼症、逃避新的情況、討厭新的常態、過度警惕。
- **絕望感**：可能會導致抑鬱、缺乏動力、放棄生活、逃避人事物、缺乏自我照顧、自我毀滅的行為。
- **質疑自己是否值得被愛**：可能會導致感情觸礁、不重視自己、接受其他人差勁對待你、對自己抱持負面評價、不以自己的需求為優先、用負面言語來描述自己。

再次提醒，**當前階段只需要承認並確認**自己的困境。無論出現什麼樣的反應，都請試著以好奇的態度去面對。

我，到底怎麼了？請問問自己……

①我對自己、他人或生活的思考方式，是否特別負面、具批判性、恐懼或災難化？我是否質疑自己與他人，或對他人的意圖抱持懷疑？

將你心中出現的答案全都紀錄下來，以及其他此處沒有列出的不受歡迎、或毫無助益的思維，還有導致你出現此類感受的情況。這些情況什麼時候發生？多常發生？是否有特定的觸發點或情況？在思考這些問題時，很有可能會出現預料之外的情緒波動，或聯想到其他事情。請記得，在此階段你只需要留心發生的一切，不要試著去抽絲剝繭。倘若你腦中突然出現特定回憶，請務必紀錄下來。舉例來說，你或許會發現自己習慣轉移話題，或拒絕他人的讚美。最近的例子就是，你昨天明明花了好幾個小時，幫伴侶準備一頓豐盛的生日大餐，卻斷然拒絕對方的讚美，並說「這根本沒什麼」。你腦中會浮現很多例子。基本上，就是看清你的行為模式，如何在日常生活中上演。

接著，我們要來審視感受

②我在日常生活中，是否經常出現恐懼、脆弱、不安或孤單的感受？我是否經常性地感到悲傷、被誤解、空虛或孤立無援？對我來說，出現被遺棄的感受是否為常態？

請紀錄下腦中浮現的一切念頭，以及其他此處沒有列出來的不受歡迎、或毫無助益的想法，和那些導致你出現此類感受的情況。請回想日常生活中，所有與此特別相關、並可作為例子的事情。問問自己：某些感受是否比其他感受更頻繁地出現？這些感受出現時，你會怎麼做？比方說，你會試著中斷或阻止它們嗎？

接下來，審視你的行為。這也是事情開始變得有意思的地方

③我是否認為自己在某些時候，會做出自毀性的行為？像是，喝太多酒、服用娛樂性藥物（recreational drug，按：泛指用來娛樂助興、而非治療生理疾病的藥物統稱）**、防禦心過重、大吼大叫或充滿敵意、花很多時間在責怪他人、霸凌別人或說謊？**

請將腦中浮現的一切念頭都紀錄下來，以及其他此處沒有列出來、但你確實出現的不受歡迎與毫無助益想法。

現在，針對四大困境，你已經一一反思，並確認了自己的想法、感受與行為，而我希望你能牢牢抓住一個觀點，並在閱讀整本書及後續的過程中，都不要遺忘。

所有人——包括你，生來就已經夠好。所有與此違背的信念，都是他人或情勢灌輸給你的謊言。

我們一切行為的目標，就是幫助你放下那些不健全或不健康的事物。而為了做到此點，我會讓你理解，**你至今所經歷的一切，如何決定了此刻的你。**

你的故事能如何解釋你的困境？

在那些重大困境上，出現不只一個問題根源，是相當常見的情況。值得注意的是，從童年到成長時期，我們的大腦就像是一塊海綿，會吸收所有聽到與經歷到的事物。孩子無法像大人那樣，運用情商來鑑別情況。要是有人經常說孩子「蠢」、「肥」或「醜」，那麼孩子或許就會開始將這正常化，並視為真理。倘若小時候，你總是會被拿去與手足比較，並且是「較不聰明」或「長得較差」的那一個，那麼認為自己「與其他人相比較沒價值」的想法，就會開始紮根。

就我的經驗來看，絕大多數的傷害都發生在家庭中。我的目的並不是要撻伐父母或家庭的過失，只是單純點出我所觀察到的事實。許多家庭是在不健全的根基上運作著。他們並沒有惡意，卻仍造成了傷害。這些你都聽過：「為什麼你不能更像哥哥／弟弟一點？」「不要再抱怨了，讓我靜一靜。」或「你是一個懶惰、自私、不知感恩的傢伙。」

許多家庭內部都有拿孩子做比較、貶低、忽視、批評、批判，或設下高標準的情況，而這些全都可能導致問題。一旦這些情況經常發生，其帶有的負面訊息（無論內容為何）就會受到強化，反過來影響大腦的神經傳導路徑與後天習得的情緒反應。讓我舉個例子來進一步解釋。

有一對父母對孩子說，長大以後，他會是非常出色的足球員。他的父親希望他能加入英國隊。他們希望他的足球職業生涯能大放異彩，但孩子在比賽中的表現實際上很平庸。每一次比賽結束回家後，他就會因為表現得不夠出色而遭父親批評一番，並被指責應該要更認真一點。幾乎每一場比賽後，都會出現這樣的情況，這讓孩子覺得很丟臉，並認為自己「讓人失望」。他接著開始萌生出自己跟其他人相比**較沒用**，也**不夠好**的念頭。他的大腦於是形成了一條新的神經傳導路徑，並讓他確信只有取得成功，他才足夠好。他的自我價值於是讓步，低自我價值取而代之。

此類負面影響同樣也會出現在家庭以外的地方，像是不同的文化、宗教、學校、性別刻板印象。當然，還有各種媒體形式（尤其是社交媒體）。我們總是不斷被周圍的人群灌輸著自己應該像誰、該怎麼做、又該成為什麼！身為男同性戀，我非常清楚這些影響可能造成的不利後果，以及重寫人生劇本的重要性。

我將坦白說出自己的自尊是如何因為負面影響，而遭遇打擊。

我成長在貝爾法斯特（Belfast）工人階級社區，當地認為「男人就要有男人樣」，這讓身為同性戀青少年的我，飽受煎熬。我對男子氣概的解釋與周圍的人並不相符，而我也不總是能順利融入。比如，我不會踢球，有時候會因此受到排擠。我腦中開始冒出疑問，「我是不是不夠好？」文化與環境在我的低自我價值感上，產生了一定的影響。

我是天主教徒，從小到大聽過無數次布道，說著類似**如我這樣的人**，都應該下地獄。等到我漸漸長大、對自己的性向更為確定時，我想起這些布道，並忍不住思考自己是不是比其他人更沒價值。後來，我開始會想，「我是壞人嗎？」宗教在我的低自我價值感受上，也產生了一定的影響。

此外，我上的那所小學特別鼓勵學生在運動賽事中取得優異成績，運動傑出遠比其他表現更為重要。但比起運動，我更喜歡音樂。再一次的，無法融入或不夠好的訊息，受到了強化。

我相信你應該明白了。各式各樣的影響，導致自我懷疑的感受出現，並隨著時間的推移，變成一種習慣。但找到一位心理治療師，並了解這些感受的意義，讓我得到救贖。我身處的環境，強化了我認為自己「天生某些地方就是不對勁」的謊言。然而真相是，我完全沒有問題。這樣的頓悟，改變了我的世界。

我希望，透過我的引導，你在心理治療中，也能獲得同樣的啟示。

揭開端倪，人生為何會過得沒有自己？

目前為止，你已經找出自己最大的困境，也完整講述了個人故事。現在，我們要將這一切拼湊在一起（如同我稍早提過的拼拼圖）。你必須問自己這些問題：

我故事中的哪個部分，有助於我釐清，自己何以不時出現**自我價值低落、感到不安、出現絕望感，或質疑自己是否值得被愛**的情況？

與之前相同，倘若你在反思或回答這些問題時，某些情緒或反應湧上心頭，請紀錄下來，並允許自己出現這些反應。理想上，你能對這些湧現的情緒反應抱持著好奇，但又不受干擾。

練習二：痛苦，終於有了原因

煩惱掙扎的背後

首先，我想邀請你重新回到自己的故事上，再讀一遍，看看有沒有任何事情立刻引起你的注意，或幫助你看出當前面對的掙扎，與前文探討過的四大困境有何關聯。舉例來看，我的一位個案傑森，注意到自己一生中不斷從家人那裡反覆接收到一項微妙的訊息：只要不對生活感到興奮，就可以避免自己失望。這幾乎已經成為他們家的座右銘。長大成人的他，發現這跟自己出現間歇性抑鬱與絕望感，有著極大的關聯。

你在尋找的是那些「頓悟」或「靈光一閃」的瞬間。那些當你想著，「我的痛苦終於有原因了」的時刻。請紀錄下任何浮現在腦中的想法。

下列是或許能帶來幫助的反思性問題。

①我的家人與家庭生活，如何影響我如今面臨的主要心理困境？

例子：我是否受到重視、尊重並得到傾聽？

②我所屬的社群或環境，如何影響我如今面臨的主要心理困境？

例子：我是否能融入？我是否受到接納？

③我的教會或宗教，如何影響我如今面臨的主要心理困境？

例子：這部分的人生經歷，是否給予我正面的感受？

④我的求學生涯，如何影響我如今面臨的主要心理困境？

例子：我是否遭受霸凌或羞辱？

⑤我生命中的重大事件，如何影響了我現在對自己的看法？

例子：我是家庭某位成員的照顧者嗎？我是否體重過重，或青少年時期有長痘痘的煩惱？我是否遭遇性侵？

⑥我的感情關係（家庭、朋友、工作、戀情），如何影響我如今面臨的主要心理困境？

例子：我是否能回想起，任何一段具毀滅性的感情關係？

⑦詳細交代你故事中，任何一件與你困境有著重大關聯的事件，以及你如何看待自己。

下面是此階段的簡單扼要總結。心理治療師真的很愛總結，請包容一下。

目前為止，你已經：

- 在不帶濾鏡或自我批判的態度下，完整講述人生故事。
- 確認了自己主要的心理困境。
- 找出自己的故事與這些困境的關係。
- 更好地了解自己可能是因為哪些因素，而感到痛苦。

在下一章裡，我們將繼續強化地基，憑藉著當前你對自己的了解，去審視未來你真心希望能做出的改變。

人們誤以為所謂的心理治療，只需要一直說話。但事實並非如此！這更像是奠基在說話、感受、回應，並知道自己想要什麼，與正在做什麼的生活方式。不妨將這一切，視作參加馬拉松前的準備訓練：你需要的不僅僅是上健身房和買新的運動褲而已。我會給予你所需要的工具，好讓此種生活方式，成為你的第二天性。

這項任務的目標，就是讓你向前邁進。我不能自以為知道，你對未來的期待。但我想送給大家的一句話是，請從人生經驗中，努力汲取意義，並讓它們成為明朗未來的一部分。我們無法抄小路，通過最難熬的地方，但你此刻付出的所有努力，都將獲得十倍的回報。

Chapter 4

那麼，現在呢？

我相信你一定聽過「打開潘朵拉的盒子」這句話。根據希臘神話，這個盒子一旦開啟，所有的不幸都將降臨人間。這是我從那些非常猶豫該不該接受心理治療的人身上，經常聽到的一句話。「我不想打開潘朵拉的盒子。誰知道會有哪些東西跑出來？」可以理解他們非常害怕心理治療，可能會打開那塵封已久的痛苦回憶，而他們也非常懷疑這竟然會是治療的一個過程。但這樣的擔心其實毫無道理。

事實上，你在探索自己的故事時，唯一會發現的就是真相。如同古時智者所言，「真相能讓人自由。」即便你不喜歡這個真相或生命故事的黑暗面，其最終還是能帶領你迎來更美好的人生。一旦你有勇氣，找出是什麼成長經歷，讓你成為現在的你，你就能重掌人生，從而明白必須做出哪些改變。這就是本章要討論的重點：勇於想像更美好的未來，並改變自己的人生。

但是首先，請先來談談那個，讓我們無法擁抱更美好明天的恐懼：對改變的恐懼。

面對未來，你嚇壞了嗎？

我經常遇到一些對心理治療沒有絲毫戒心的案主。他們會跟我說自己的故事沒有問題，頭頭是道，卻又在瞬間凝住。就在那一刻，他們直面了未來或許與他們最初設想完全不同的現實。儘管這樣的翻盤對某些人來說，簡直像是如釋重負，但對他們而言，卻極為駭人！

賽琳娜是幾年前，踏入我諮商室的一位女性。她罹患了非常嚴重的醫療疾病，但幸運的是，治療前景相當樂觀。她正站在人生的十字路口上，而她描述這場大病就像是「一記當頭棒喝」。我們在心理治療方面，有很好的開始。她非常坦白、誠實、努力，不會逃避問題，也能敞開心胸接受意見。但就在我們進行了幾次晤談後，我問她，「那麼，**現在呢？**妳對未來有什麼期待？」就在那個瞬間，事情全變了。她說不出話來，諮商室的氣氛降到冰點。我有點困惑。她跟我說了自己的故事，也了解她在某些領域陷入瓶頸的原因，但她卻沒能更進一步。毫無疑問的，我的問題讓她惱怒，而她也當場判定這樣的心理治療，並不適合她。她不想再繼續了，今天不想，未來也不想。我試著引導她一起探索這個問題，但她非常抗拒。

賽琳娜準備離開諮商室時，我替她打開了房門。對於她如此迫切地想要離開諮商室，我有點驚訝。因此，不確定該說什麼的我，採取了「沉默」此一冷靜的舉動（這是當心理師遭遇挑戰，會採取的策略之一）。在賽琳娜離開後，我決定讓門繼續開著，好在下一位案主到來之前透透氣。但賽琳娜下意識想把門關上。我有禮貌地再次打開，解釋我的目的，但她還是把門帶上。對所有坐在等候室的人而言，這看上去絕對像是心理治療師與個案間的拉鋸戰。在這場大戰僵持不下時，我婉轉並冷靜地對賽琳娜說，我希望讓這扇門敞開著。她停下來並說，「我會考慮的。」她以為我所謂的讓門敞開著，指的是她之後的心理治療！

後來，我經常會想起這件事。它完美地演示了我們潛意識的想法，是如何透過看似毫不相干的行為（就我的角度來看），以及賽琳娜對這些行為的解釋（就她的角度來看），體現出來。雖然我的意識告訴我，我只是想開個門透透氣，但實際上我是希望賽琳娜回來，一起思考她對未來的期待。而賽琳娜對我潛意識希望的正確解讀，則意味著她潛意識也想要繼續進行心理治療。事實上，重要的訊息經常就隱藏在看似無關緊要、或毫不相干的行為中。精神分析學家對此有許多討論，但我們此處就不深入探討。

一個禮拜後，賽琳娜安排了下一次的晤談。有些人會在痛苦的時刻中斷療程，並在思考過後，重新繼續。這樣的情況並不少見。我們一起研究了她的情況。她從來沒有想過，自己究竟想追求些什麼。從來沒有人問過她，她想要什麼。她善於取悅他人。她總是避免做出決定，允許其他人為她、或那些她無法掌握的事情做決定，然後遵守。我的問題不僅迫使她必須面對這殘酷的真相，更讓她設想到，自己或許必須放棄這一生中已經變得如此熟悉、並讓她感到安全的行為模式。我要她去面對的，是充滿全新可能的人生。而這個舉動沒有讓她欣喜，反而陷入恐懼。值得慶幸的是，她發現是恐懼在阻礙她。而我們成功面對了此一問題。

我不禁想著，當我詢問你這個問題——「**那麼，現在呢？你對未來有什麼期待？**」你是否也會出現如賽琳娜一般的反應。請暫停一下，好好感受自己的情緒。

或許你會發現下列這些情緒：

- 脆弱。
- 心不甘情不願。
- 憤世嫉俗。
- 懷疑。
- 恐懼。
- 焦慮。

- 心神不寧。
- 興奮。
- 希望。
- 好奇。
- 自由。
- 解脫。

這裡並沒有所謂的對或錯。這不是有獎徵答，也沒有什麼安慰獎。倘若你在問自己關於未來的問題時，出現負面反應，也完全沒有關係。你的反應或許正在告訴你，你心裡的恐懼、舊有的思維，正在妨礙你為自己刻畫更積極的未來。而好消息是，你可以為此做些什麼。

同樣的，正面的反應則或許提醒了你，你已經可以、且準備好做出改變。

心理治療的驚人優勢就在於，能將你在探討未來時，出現的反應（無論是正面或負面），都變成你的優勢。你或許會覺得嚇壞了、充滿懷疑或感覺自己不堪一擊，但接著，你能將這些情緒轉換成一股力量。如同我稍早所言，心理治療並不總是讓人感覺良好，尤其在一開始的時候更是如此。但我們能一起處理所有湧上來的情緒，甚至可以感謝它們支持著我們（這也是它們的部分功能）。情緒與我們一同努力，引導我們度過日常生活。它們就像是內部看守員。在進行自我心理治療時，你可能會經歷某些情緒，是童年時期的你會感到不知所措的，但如今，長大成人的你，已經具備應付的能力。有些時候，你只是需要去提醒心中那個孩子（我們每個人心中都有一個孩子），你的成年自我已經上線。

你對當前的人生有多滿意？

在你開始思考未來之前，你必須審視當前人生有哪些地方很好、哪些地方不好，這是非常重要的過程。

現在，我們要做一個練習，這有利於你向後退一步，仔細評估你對當前生命中不同領域的滿意度，分別有多高。而此項練習的結果，將成為你未來進行評估的基礎。

我希望你能停下來，思考以下列出來的各項領域，你的個別滿意度為何，並根據滿分為十分的評分方式，來評量。

八到十分：非常滿意。
六到七分：相當滿意。
五分：還能更好。
一到四分：不滿意。

倘若有些領域對你而言非常重要，卻被我遺漏，請隨心所欲添加上去。

- 迄今為止的成就。
- 工作／學業／職業生涯。
- 財務。
- 你的家（我的意思是，從現實與情感來看，居家生活的幸福程度）。
- 生活的地方。
- 社交狀態。
- 外貌。
- 友情。
- 感情生活。
- 性靈層面。
- 家庭生活。
- 樂趣與冒險。
- 自信。

- 價值觀與原則。
- 自我照顧（對自己在生理、情緒與心理上的照顧）。
- 生理健康。
- 心理健康。
- 對未來的希望。
- 工作／生活（或讀書／生活）的平衡。
- 休息或放鬆的時光。
- 改變他人或世界。
- 照顧地球。
- 對人生的總體滿意度。

你的感覺如何？有些人認為這個過程極具啟發性。坦白說，我們很少停下來評估自己的人生。我們太忙著工作、照顧家庭、刷Instagram或看Netflix，而沒時間去思考自己到底想要什麼。

無論你對人生各領域的評分為何，請不要對自己太苛責。比方說，假如你在數個領域上給出四分、甚至更低的分數，那也沒關係。知道自己的不滿絕對好過於否定現實，因為這能幫你找出生命中有哪些領域，或許還需要你更多的努力或關注，以及哪些領域對你的滿意度有極大的影響。舉例來看，或許對你而言，賺大錢或家財萬貫都不重要，只有當你覺得自己對世界造成了一點改變，才會非常開心。又或者，你可能會發現，只要你覺得自己與伴侶心靈相通，且每天都有健身，那麼無論生活遭遇何種打擊，像是工作上不如意，或財務、睡眠與玩樂的機會受到擠壓，你都能承受。

同樣的，了解自己感到滿意的領域，也能帶來幫助。

基本上，幾乎每位新案主，都會對我說「自己對人生不太滿意」，我也見怪不怪了。不僅如此，他們總是能列出幾個理由（多數都不是他們的問題，這點之後會談），來解釋自己為什麼不快樂。這些理由經常跟他們對生活特定面向感到不滿有關，而他們認為這會大大影響滿足度。因此，有可能是他們根本不知道哪些人生面向，對自己有著極重大的影響，不然就是他們並沒有努力去提升這些領域的滿意度（這是他們自己的義務，對你而言也是如此）。

下列是案主在判定生活不快樂時，最常提出的原因。你或許會認同其中的一項或多項：

- 我的先生／妻子／伴侶讓人難以忍受。
- 生活壓力太大。
- 我忙個不停。
- 我的人生太糟了。
- 我痛恨我的工作／老闆／同事。
- 假如我更有錢，應該能快樂一點。
- 孩子讓我累壞了。

- 真希望我當初能做出更好的決定。
- 我快受不了了。
- 我忘不了那些發生在我身上的事。

話說回來，我們已經知道個人的幸福，就建立在能否了解生命中有哪些領域，對自己最重要。而我們也知道，其中**有些**領域，例如生活的地方、和家人朋友相處的經驗、發生在自己或他人身上，導致人生驟變的健康問題或傷害等，並不是光憑自身的感受與行為，或此刻的自我認同，就能輕易左右的。

但同樣重要的是，我們必須意識到，人如何感受與行動，不能**完全**推到這些外部因素之上。

當然，某些生活事件或當前的情況，或許會對你此刻的滿意度，產生重大影響。我也不想輕描淡寫帶過，這對你人生、心理健康與福祉的衝擊（尤其當你經歷了重大的失去、創傷或逆境）。

但如果我們認為，自己會變成這樣，都是外在環境造成的（但這多數卻又非人力所能掌控），就會深感無能為力，或認為自己是受害者。

相反的，我們還有另一個選擇：面臨人生種種的挫折與考驗，我們能決定如何面對。一旦理解此點，你就能獲得行動的力量。所有事物都將截然不同。從「我無法處理……」變成「我熬過更苦的時刻。」從「這不公平！」轉為「這能教會我什麼？」從「我的生命沒有意義……」變成「我的生命充滿可能。」從「我永遠走不出這件事……」轉為「就快了。」

我明白，閱讀這段文字對絕大多數人而言，並不好受，但這是事實。很多人沒有意識到，自己才是心理健康與幸福的主宰者。這就是人生，每個人都會經歷的。但我們如何反應，決定了一切。

此刻你或許已經明白，我希望能引導你理性地迎接「現在呢？」此一階段。你對人生滿意度的評分，能幫助你思考未來需要進行哪些改變。舉例來說，倘若你對生活的地方或工作，只給了三分，那麼去思考如何改變，自然是相當合情合理的。但請容我再次強調，你不需要讓內心世界退居次要。請審視那些與心理健康、自我照顧、對未來的希望、自信、價值與原則相關項目的分數。想一想，你如何思考與處理情緒。倘若不好好處理內心世界，未來也只會繼續受苦。**要是不顧內心世界的空虛不滿，外在世界是再怎麼樣也無法填補空洞的。**

你對未來有什麼期待？

你希望改變什麼？

現在，你已經回顧了人生故事，因而更了解今日的你，還盤點自己對於人生現況的感受，是時候向前看了。我要重新再問一次，**你**對未來抱持什麼樣的期待？一成不變？某些地方必須更好？一個新的開始？某些更特別的？

這至關重要。你正站在十字路口，而你有機會讓人生，踏上另外一條道路。停下來，問問自己：你是否準備好接受一場單調的人生，或者你希望創造更了不起的事物？能回答此一問題的人，只有你。

在你思考這個問題的此刻，有件事我想要與你分享。在我職業生涯中，有十年從事緩和療護，看著不同年齡的人嚥下最後一口氣（而且通常發生得很突然，讓人猝不及防）。我很確信絕大多數的病患，倘若能有第二次機會，會選擇過上更燦爛的人生。無論你對「燦爛」的定義為何，請讓生命有意義。同時記得：「燦爛」並不一定意味著更大、更棒或更壯觀。即便是看似平凡無奇的一刻，只要你能全心全意地綻放，那便是燦爛。

我將問題分解為兩大元素：

①你期待未來在有形、物質的生活層面上，做出的改變。

②你希望做出的內在改變（思考方式、情緒管理、行為）。在這方面，第一章與第二章能協助你找出，自己能因為哪些改變而受益。

如同前文的練習，此處我也希望你能暫停一下，仔細思考問題一。你或許在別本書看過，人們會用「目的」、「計畫」、「目標」或「志向」，來形容這類思考。這些都很好，但我更鼓勵你以「重拾人生、希望、滿足與寧靜」的角度來思考。在這裡，我們需要潛進內心。

身為心理師，我發現絕大多數的人在討論未來的願望時，會自然而然將注意力放到外部事物上，像是：金錢、工作、房子、車子、瘦身、感情關係等。我懂，我也跟所有人一樣，沒有要批評的意思。好比說，我希望自己頭髮能更多點。我希望有一天能買輛保時捷。我希望能重拾二十歲時的體態。有時候，我還希望自己看上去就像演員湯姆．哈迪（Tom Hardy）。但在內心深處，我知道想要這些的，並不是我。想要這些的，是我的「自我」（ego），但也沒關係。「自我」尋求的是榮耀與滿足，但只要懂得應付，一切就沒問題。因為最終，「自我」的慾望無法帶來滿足。這是我的親身體驗。我從合作過的每一位個案身上，見證了此點。我相信你也是一樣。三十多年來，我見證、談論與努力理解人類經歷的疾苦，體悟到物質上的收獲，無法完全滿足心靈上的渴望。滿足與平靜是向內找到的。但我不是說，你不應該去度假、買洋裝、改變飲食習慣。儘管去做，做出改善生活的改變。然而，我希望你也能聆聽心底的聲音，「這些對我有何意義？這些能帶給我平靜嗎？」答案遲早會浮現。

現在，我要把主動權交給你，由你來列出自己對未來抱有什麼期待，無論是物質生活上的改變，或內在的變化，請牢記對你而言最重要的生活領域。

這些活動是否帶給你啟發？我希望答案是肯定的。

請牢記你對未來的期待，之後我們會攜手完成最後一項任務。但在此之前，我想和你分享卡勒姆的故事。

卡勒姆是我的案主，近期剛取得牙醫執照，但因為工作上的焦慮與壓力，備受折磨。他非常投入心理治療，也渴望改變。在他完成了「你對未來有什麼期待？」清單後，他同意在晤談時，念給我聽。而內容大致上是，「我希望在三十五歲時擁有自己的診所。」「我希望能開豪華休旅車Range Rover。」「我想要兩個孩子。」但我邊聽，完全被他那機械式、枯燥的語調嚇到了。看上去，他似乎對自己說的每一件事都不感興趣。他說話的方式死氣沉沉。我提出自己的看法，他於是靜了下來，盯著地面，不發一語。久久後，他終於開口了。「我剛剛才發現，這並不是我的清單。這是我父親的。」

卡勒姆的父親也是一位牙醫，而卡勒姆效法父親，踏上行醫之路。在他的一生中，他覺得自己為了取悅父親並滿足他的期待，承受龐大的壓力。對卡勒姆來說，心理治療是非常健康的選擇。這讓他發現內心的聲音，並釐清**自己**一生究竟想要追求什麼。同時，他也必須努力改變那毫無助益的思考方式、自我毀滅的行為，以及職涯方向。

現在，我想邀請你，再讀一次那份「對未來的追求」清單。但是這一次，請詢問自己以下問題：

- 我是否對這些感到滿意？
- 這些是**我的**需求與願望嗎（請注意企圖取悅他人的念頭）？
- 這些能帶給我希望、平靜與滿足嗎？

如有需要，請根據個人需求予以調整。

覺得心理治療沒用嗎？也許是因為……

人們之所以會中途放棄心理治療、不想再付出努力，最常見的兩大原因，就是無法持之以恆和沒有耐心。這是一個講求速度與便利性的時代。很多人想要什麼都希望立刻實現，連重大的心理與行為改變也不例外。倘若無法快而有效、不能直接切入要點，人們往往就會失去興趣。

然而，心理治療**確實**需要恆心與耐心。接下來，我會解釋為什麼這件事，值得你付出恆心與耐心。

想放棄時，就說出「關鍵字」

我希望你能把日常自我心理治療，當成為自己做的事，而不是痛苦卻又不得不完成的工作。這是你扭轉人生的機會，也或許是你的第一次嘗試。每一次的付出，都展現了你對自己的尊重。當然，還有一些實際的考量。畢竟，你要努力改變的，是自己長久以來一直採取的情緒模式、思考方式與反應，相當於生活中密不可分的一部分。基本上，你是在重寫自己的大腦，因此必須保持一致，但最終成果會讓你獲得驚奇的能力，以截然不同的方式來掌握人生。

其中一種能有效讓你想起初衷的辦法，就是在你開始倦怠、想半途而廢時，用一個關鍵字詞來提醒自己。我的關鍵字是**破壞**。我知道這聽上去很強烈，但這是我刻意選擇的。畢竟，要是我無法義無反顧地照顧自己，就好比是在殘害個人福祉。而講出「破壞」這個字，等同於在我的屁股上踹一腳。無論你決定使用哪個詞彙，只要你需要，請盡情使用，並確保它能打醒你！用一個你會記住的字詞。它可以是卡通人物的名字、電影中的物品，或任何符合條件的事物。關鍵之處在於：這個詞彙必須是清楚的警訊，警告你就要脫軌了。

在我接受訓練的期間，一位聰明的督導提醒了我，缺乏恆心的心理治療，就像是拿烹飪油當防曬油一樣。這樣做不僅完全無效，還可能讓情況更糟。他說得完全正確。倘若你不願意採取行動，那麼去發現自己是誰、如何行事，一點意義也沒有。

這是你對人生的承諾，為了一個更美好的人生。

讓「內在改變」這件事，急不來

每當有案主在幾次晤談後，就開始擔心心理治療沒有效，我都會莞爾一笑。我會詢問他們，希望哪些事情發生，他們多半會說，希望一切（亦即他們的人生）都能獲得解決。（反正三次晤談後，一切就沒事了，心理師你不要有壓力。）每當這樣的事情發生了，我總會忍不住露出微笑。而每一次，我都會給對方一個標準答覆：「即便你活到一百歲，也還是不可能解決一切事情。」這就是事實。沒有所謂的終極幸福狀態，一個你一旦進入了，所有煩惱都會消失，從此幸福快樂的狀態。這不會發生。充滿高低起伏的人生道路，會繼續在你眼前展開。但關鍵在於，你如何應對這些高低起伏。而在過程中保有耐心，能在極大程度上，幫助你應對人生。

讓我們先來談談什麼是「過程」。人們常形容心理治療是一個過程，而這個詞本身就包含了耐心的意思。每當我去到美術館，總會為那些出色作品中所埋藏的細節，讚嘆不已。它們讓我想到在創作過程中，必須耗費的上百個小時。其間，或許會有差錯，有失眠的夜晚，還有撕掉並重新開始、流淚、幻滅的時刻，當然還有那亙古不變的大哉問，**這樣就夠好了嗎？**在那一刻，畫家並不知道作品最終不僅美好，甚至超越了美好，成為跨時代的曠世傑作。而正是畫家在過程中所付出的耐心，讓作品得以燦爛。

我誠摯地鼓勵你，耐心投入練習。我想，我已經清楚解釋，在一天中抽出時間，來進行自我心理治療的重要性。此外，還要夠有耐心，來等待內在做出改變。你可能會發現自己陷入以下的思維陷阱：

- **失敗主義者：**「這麼做有何意義？」
- **挫敗：**「我沒有時間做這些。」
- **沒耐心：**「為什麼我沒有感覺好一些？」
- **迴避型：**「這不適合我。」

- **戒備型：**「這些全是鬼扯。」
- **否認型：**「我好得不得了。」
- **壓抑型：**「有機會再來試試看。」
- **被害型：**「我無能為力。」

如同你在心志動搖時，可用關鍵字來提醒自己，我鼓勵你在失去耐心時，也採用相同策略。這招很有用，我自己的詞彙是「錯過的機會」。畢竟，一旦失去耐心，我很可能會錯過見證美妙事物的機會。

我們全都在努力的路上。有些時候，我們只是需要被提醒一下，不該對自己抱持著不切實際的期望，導致事情變得更為棘手。對心理治療而言，恆心與耐心是不可或缺的。

提到有效心理治療的必要元素，下一章會討論到其他必不可少的治療工具、技術與技巧。你在自我心理治療、練習尊重自己時，可搭配使用。

Chapter 5

讓改變，
不只是說說而已

現在，你已經更了解自己是誰，以及行為背後的原因。你同時也對自己未來心理如何運作、如何感受，有了新的一番憧憬。

因此，現在要進展到行動上：心理治療的**實踐**部分。在第三章，我們已找出了心理問題的類型，接下來在日常自我心理治療中，便可用本章提到的工具及技巧，來對症下藥。它們可以幫助你跳脫原本的想法，調整成你希望發展出的思維模式。

在引導你進行第六、第七與第八章提到的十分鐘自我心理治療時，我們還會重溫你在本章所學習到的技巧。

人們經常覺得，心理治療就是「說話治療」，但我認為這是狹隘的定義。好的心理治療牽涉到更多，不僅只是說話。說話就像是運動前的暖身活動，但只有行動才能帶來蛻變。

無論讓你感到痛苦的，是感情、上癮、焦慮、抑鬱、失去或任何人類可能會有的問題，行動都是過程中最關鍵的部分。談話只是踏出解決問題的第一步，但唯有行動能帶來改變。

就我個人經驗來看，無論你的問題為何，每個人的心理治療裡都必須包括四大關鍵**行動**與四大**自我承諾**。而行動與自我承諾，兩者相輔相成。

捲起袖子，每個人都要努力的「四大行動」

①重建你的思維模式。
②重寫你的規則與信念。
③採取更健康的行為。
④投入生活。

重建你的思維模式

如我們所知，想法有時候會造成問題。有些時候，念頭非常難斷開。它們可能相當負面、有批判性、造成負擔、苛刻、破壞性、災難性、批評、無益且可怕。另一方面，它們也可以很有幫助、理性、親切，或成為一股向善的力量。但殘酷的現實就是，人們往往更容易被負面的思緒吞噬。它們就像是具有磁性。我們也總是更輕易聽命於負面思維。

問題在於，我們以為人沒有辦法掌控思緒，那就是生活中嚴酷的現實，只能忍受。就某種程度而言，這麼想確實沒錯。

但根據稍早的討論，我們也知道，人可以練習在某些情況下，以特定的方式去思考。儘管這或許會造成問題（尤其當我們養成習慣，以負面角度去思考事情），但這也意味著，可以訓練自己以正面思路，來應對特定情形。

人也常常把想法當成是事實或真相。但這很棘手，因為兩者根本不同。某些時候，想法是很隨機的，而且不合理。

最後，還有一個問題是，我們如何判定自己的想法。舉例來看，倘若你冒出所謂的「壞」想法，這並不意味著你就是「壞」人。這只是表示了你也是人。有個關於強迫症的有趣研究就指出，有些時候，思緒能多麼隨機、荒謬與不合時宜。我們確實能萌生那些暴力、性、憤怒、褻瀆性且違背自己價值觀與信念體系的想法。但這些思維並不能代表你的為人，除非你認定它們具有這樣的能力，這樣一來，你會感到痛苦。

但有一點需要澄清，我並不是指所有的思維都應該被忽視。有些時候，思緒背後有著理性的邏輯脈絡，也是心理運作、決策制定與確保安全的重要一環。關鍵就在於，我們必須懂得分辨有益且適當的思維，與無益且不恰當思維的差別。你或許會好奇：那麼我該如何分辨？方法很簡單。

無益的思維模式儘管讓人熟悉，但經常會帶來痛苦與不舒服的感受。它們往往具備不由自主、快速、反覆出現且令人苦惱的特質。回想你上一次出現某些讓你難以忍受的念頭的時刻：「你是個失敗者」、「這一定會出錯」、「別開口，人們會笑你的」等等。這樣的想法會改變你的情緒，並增加焦慮程度。它們更讓人不舒服。

相反的，有益的思維則非常不同。舉例來說，你或許必須做出決定或完成任務。當你開始思考決策的優缺點，或完成任務所必須做出的行動時，你的思緒應該讓你感到適當且必要。它們事出有因，反觀無益的思維卻主要是出於恐懼或讓人誤入歧途。值得注意的是，焦慮思維並非不好。一定程度的焦慮是健康的。但要是過度放大威脅，且偏離現實時，這樣的焦慮只會引發問題。

言歸正傳，有個很簡單的流程，能調整負面思維，包含以下四個步驟：

- 找出無益的思維模式。
- 檢驗那些可以支持想法的證據。是否有任何不容反駁的證據，可證明你的想法為真？比方說，你考慮申請一份工作，卻立刻開始想著，「我永遠不可能被錄用。」證明此念頭為真的證據在哪裡？

- 換成更有助益的想法。
- 放下無益的想法。

這個技巧最不可思議之處，就在於每一次打斷無益思維，都等同於鼓勵大腦之後以不一樣的方式去做反應。

在此之前，你從未質疑過想法的有效性。因此你的大腦出於「這些思緒是在保護你」，繼續傳遞種種無益思維，阻止你進行那些大腦相信會帶來傷害的事情。但一旦你開始挑戰這些念頭，大腦發現你已經不再相信固有的思維模式，而是展現了更理性、更恰當的替代思路。你開始重寫自己的思維模式，讓想法更靈活。從這一刻開始，你的大腦會以更健康的想法來應對。每次你使用這個技巧，你就離「永久改寫大腦」的目標，更近一步。這同時也意味著每一次使用這個技巧，都能讓你的下一次嘗試更加輕鬆一點。

這是不是很強大？你不需要成為想法的受害者。你不等同於你的想法。你不需要受思維暴政的禁錮。

重寫你的規則與信念

如同你透過講述自己的故事、並和生活經歷串聯在一起所得知的，那些你賴以為生的不成文規則與信念，具有極大的影響力。它們就像是你的指南針。自童年時期起，你就知道只要做出特定的舉動，就能獲得想要的關注、接納、關愛、尊重等。你同時也學到，該如何維持安全，以及將傷害的風險最小化。這些習得的知識，成為你的規則與信念。但問題在於，在你長大成人後，你或許從未重新審視這些規則。它們很可能已經不再適合你了。

我認為遵循規則與信念，應該像是穿上自己最喜歡的服裝。我們都有某些衣服，是能提高自信、讓我們感到安定與自在的。每當我必須演講，我會穿上自己最喜歡的衣服。倘若我穿了一件有點緊繃的衣服（進入四十歲以後時常會遇到的問題），或搭一雙從未穿過的新鞋，那麼我就會講得不太好。我的表現受到約束，成果也同樣如此。

規則與信念就是這麼一回事。倘若你依循根本不適合自己的規則與信念而活，你會活得備受壓抑且不舒服，就像是穿著緊身衣過日子般。

另一方面，規則與信念，經常以**必須**和**應該**開頭。而且經常伴隨著「如果不遵循，就會自食其果」的念頭。例如，我一定不能說謊。假如我說謊了，壞事就會降臨（這在宗教中很常見）。儘管前文已經提過，但這值得我再說一遍：規則與信念本身，並沒有什麼錯。只要運用得當，規則與信念能支持你，讓你獲得幸福與找到平衡。會出問題的，是你的規則與信念沒有轉圜餘地，也缺乏選擇的空間。

派崔克的故事，凸顯了這一點。我們在他大學畢業的幾個月後，第一次見面。他以二等一級榮譽學位畢業（按：英國的大學會依照學生畢業的總成績，分別給予不同等級的學位。二等一級對應的分數為次高，僅次於一級榮譽學位），但在成績公布的幾週後，他變得憂鬱。派崔克從小就是班裡成績最優秀的那個。他在大學時也成為學生會的主席，並預期會得到一級榮譽學位。

可是派崔克沒有做到，他覺得對不起自己，更辜負了家人。一開始，他打算輕生。在我們踏上派崔克的康復之路後，我發現他抱持著極為僵化的個人規則與信念。他的「應該」與「必須」，圍繞在自己絕對不可以失敗，一定不能讓他人失望，絕不可以說不，永遠都要是最好的那個。他在人生的各方面，都是一個完美主義者。而沒能取得預期的成績，是他人生中第一次遭遇失望。而這一次，他那不能妥協的規則與信念，沒辦法支撐著他走過去。

我們一起創造一個更靈活、且更開放的規則與信念，漸漸的，他的抑鬱開始減緩。

從「我一定要是最好的那個！」變成「我會試著盡最大的努力。」從「我不能令自己失望！」轉念成「有些時候，我或許會感到失望，但那也沒關係。」從「我必須永遠取悅他人！」調整為「我不可能隨時都讓每個人開心。」

派崔克創造了一套更為靈活的規則與信念，而他的情緒也因此改善，他找到了自由與開闊，也變成更為快樂、平靜的人。

同樣的轉變也可能發生在你身上。我會鼓勵你，列出所有自訂的「應該」與「必須」，然後詢問自己，是否能變得更有彈性。

不過，正如同你此刻所了解到的，列清單並不是全部。還必須努力將你那更具彈性的態度，帶入到練習中。下一次，當你發現自己又陷入僵固的反應模式，請停下來。請明白，你可以重新審視自己的規則與信念。你能夠選擇更靈活的態度。

採取更健康的行為

每當我們遇到難熬的時刻，絕大多數的人會試著以某些方式，來撫慰自己。你說不定會驚覺，原本只是偶爾晚上多喝一杯、吃藥、花錢、消遣、性或任何紓壓方式，竟成為一種習慣。在我們採取下一步之前，我想向你保證，道德糾察隊不會衝進來！人難免需要一些樂子、放縱或消遣。但是，一旦這些行為引發負面後果，或對生活形成阻礙，就意味著你該重新評估了。

一旦生活充滿挑戰，企圖麻痺自己的情緒、分散注意力、逃避現實或追求腦內啡帶來的愉悅感，都是很正常的行為。但這些都只是治標不治本。到了某個時候，你勢必得回神面對眼前的困境，亦即你的日常生活。

在此，我鼓勵你進行自我反省，審視那些可能為你帶來問題的日常行為，以及你為了紓壓所做出來的不健康舉止。

就我的臨床經驗來看，那些問題行為往往集中於以下類型：

- 酒精。
- 藥物。
- 食物。
- 性。
- 消費超支。
- 賭博。
- 不健康的感情關係。
- 衝突與憤怒。
- 自我破壞。
- 睡覺。
- 自我忽視。
- 逃避（不做自己該做的事）。
- 延遲滿足（將自己喜歡的事情延後）。

- 防禦心強（覺得必須保護並防衛自己）。
- 憤怒（可能會對某些情況反應過度）。
- 批評（對自己或他人過度挑剔）。
- 批判（對自己或他人過度嚴苛）。
- 投射（誤以為別人與你有同樣的感受，卻不承認）。
- 封閉（在社交上抽離，導致孤立）。
- 退化（以更幼稚、孩子氣的方式來回應）。
- 心理僵化（無法理解別人的觀點）。
- 失敗主義者（輕易放棄）。
- 否認（不承認發生的事）。
- 以自我為焦點（不在乎其他人的需求）。

倘若這些、或任何你所能想到的行為，讓你的生活分崩離析，我鼓勵你去思考減少、改善或停止這些行為的方法。過程中，你可能會需要他人的幫助，或者需要以更健康的方式，來取代原有行為。同樣的，在這方面我並不想做出硬性規定。我認為，你憑直覺，就會明白自己需要做些什麼。多數人都是如此。再一次提醒，如有需要，可尋求專業協助。

我知道這個任務並不容易。我也提過了許多次，行為、選擇和行動非常重要。一個人可以具備世間的所有智慧，但除非他願意採取行動，否則這些智慧不具任何意義。

投入生活

在我的職業生涯中，我很幸運曾和某些傑出的人共事過——那些心中充滿關懷的人，那些有著了不起技巧與同理心的人。身為心理治療師，我們都會有一位同樣也是心理治療師的督導。而每一位心理治療師都需要和另一位心理治療師談話，以獲得支持。這就像是一個給予援助的安全網。

在我任職於NHS時，我的督導是一位非常聰明、且能力出眾的精神病學家。他在診斷方面非常銳利。從他身上，我學到許多關於精神疾病的知識、評估的重要性，以及藥物能帶給某些人的作用。此外，他還是非常坦白的人，我非常欣賞他這一點。

我還記得自己在和他討論一位病患，叫菲洛美納，她有著嚴重的焦慮與抑鬱。我試過各種方法，卻毫無進展。我覺得很挫折，並有一點點迷惘（我的完美主義戰勝了適應性思維）。我的督導看著我，並詢問，「你有試著從『生活』的角度來面對病患嗎？」起初，我一頭霧水。於是他繼續解釋，「痛苦的解藥，就是生活。」

我請他多解釋一點，於是他說，「你的病患是否投入在生活的任一面向上，像是：工作、社交、運動、志工、散步、興趣、園藝？」就在這個瞬間，我腦中的燈泡亮起來了。菲洛美納生性就對生活中近乎所有事物，不感興趣，但她確實非常喜愛園藝。目光短淺的我，沒能考慮到這或許能成為心理治療的一環。

我的督導建議我放下所有技巧，鼓勵菲洛美納投入自己喜愛的園藝。於是我這麼做了。

幸運的是，當時我的工作離一間園藝中心很近，而他們正在招募志工！將時間快轉到四週之後，在經歷各種勸說與耐心下，菲洛美納開始在那裡接受訓練。一切都改變了。她在我們的心理治療中，變得生氣勃勃。幾週內，她的症狀有所改善。她變得有動力了。她的眼中出現光芒。她的聲音有了一種我從未聽到過的雀躍。她找到了痛苦的解藥：園藝。

這個經驗改變了我身為心理治療師的工作方式。當然，我們需要遵循一定的程序，並使用治療技巧，但也必須將「生活」納入治療計畫中，無論這指的是上健身房、參加讀書會、跳尊巴舞、賞鳥、釣魚或任何事物。只要我們能找到建立連結的點，那麼生活中的任何事物，都能成為治療的方法。

現在，我有一個問題要交給你：你對生活有多投入？

停在這個問題上。多花點時間。不要著急。

倘若此刻的你正經歷一段痛苦的時期，沒有關係。你生活中是否有任何一處，是你願意多投入一點的？這或許感覺很困難，也可能你需要放慢腳步。但這些都沒關係。假如你喜歡散步，不妨今天就去散步五分鐘。這是一個開始。如果你喜歡大自然，今天就去看看樹。這是一個開始。假設你能做到更多，那就太棒了。重點是，做自己能力所及的事就好。

一旦你與自己感興趣、或覺得重要的事物建立起連結，你的身體會釋放讓人感覺良好的荷爾蒙，如血清素、催產素和多巴胺。你開始覺得和別人的連結更強了。你的動力強化了。負面模式出現的頻率越來越低。你開始康復了。

今天，我要邀請你朝著「投入生活」，邁出一步，尤其當你一直在逃避這件事時。對我而言，「**痛苦的解藥，就是生活**」，已經成為近似於真理的存在。我經常想到這句話，或許它也能給予你同樣的效果。

你正在尋找的答案，或許比你想像的還要近。

給自己「四大承諾」，你不會失望的

現在，我們將繼續了解，我所謂的**給自己的四大承諾**。這更像是一份內在的任務，也可以說是，想法的改造。你或許會因為這看似簡單、卻又如此強大的力量，而感到驚訝。它們涉及到改變你對自己的方式。這四大承諾為：

①對自己說話的方式，就好像你是大人物般（因為你確實很重要）。
②照顧好自己。
③對自己寬容。
④如實生活。

平均來看，倘若我們針對這四大項目，對所有人的表現進行評分，絕大多數人的得分都會很低。我在工作中，遇過來自各行各業的人。但每天都會上演的共同一幕是：人們沒有善待自己。我深信，這毫無疑問是人們陷入痛苦的關鍵。

你生命中最始終如一的元素，就是你。能陪伴著你一直到你嚥下最後一口氣的，也只有你。你對自己說話的方式、對自己的態度、如何照顧自己，都是你人生的標誌。無論人生如何對你開玩笑，只要你能「好好陪伴」自己，那麼這趟旅程就變得更能掌握，也更為愉快。

二十歲出頭的我去美國旅行。（好，我知道這聽起來超老梗！）在旅行途中，我遇到一位背包客，我們同意一起旅行一個月。但一個禮拜後，我就已經精疲力竭。他超級負面，所有事情都要抱怨個不停。他很愛批評。他不懂得謝謝別人。他對遇到的人，大多非常無禮。

我很努力想保持愛心，但我發現自己不可能和他一起旅行一個月。於是一週後，我告訴他我打算獨自旅行，而我也這麼做了。儘管我對獨自旅行確實很焦慮，但我明白可以依賴心裡那個親切、充滿好奇心、願意冒險且大多樂於享受美好時光的自己。我可以和自己好好相處。

在生活中，我們得學會單獨旅行。畢竟，難免會有突發狀況，需要獨行，或狀況可能出現改變。我們必須學會，用正面的語氣和自己對話，也要知道如何照顧自己。我們必須學會對自己慈悲，要活出如其所是的樣貌。一旦能這樣活著，就能更好地適應生活的不確定性與不可預測性。這就像是和最可靠的摯友一起生活，而這位摯友就是你自己。

對自己說話的方式，就好像你是大人物般（因為你確實很重要）

每個人腦中都有不斷來回的自我對話。請花一分鐘停下來，留意這些嘮叨。內容大致像：「他為什麼要那樣說？」「老闆喜歡我嗎？」「伴侶是不是覺得我很無聊？」「我太胖了。」「真希望我是更好的媽媽／爸爸。」永不間斷地說下去。

然而，我們對自己說的話，經常帶有毀滅性、傷害性、批判性，甚至很殘酷。

在心理治療時，案主經常談起生活中的負面事件，像是衝突、困難、失去或心痛。每當他們描述這些事件時，我總會提出一個問題：**你在當下對自己說了什麼？**

幾乎每次，我都會聽到以下答案：

- 我真是個白痴。
- 我太蠢了！
- 都是我的錯。
- 我真可悲！

• 我的存在就是個錯！
• 我真沒用！
• 我是笨蛋！
• 我是……（請自行帶入一連串咒罵。）

人們對自己說話的方式，猶如對待草芥。但正是這種與自己溝通的方式，讓我們陷入負面情緒。畢竟，人的情緒反應與自我對話時的語氣及用字，息息相關。

倘若你對此很有感，我有一個建議：**努力留意自我對話的語氣。只要內心冒出負面的聲音，立刻停止這些對話。冷靜、堅定地叫它們停下來。你值得更好的對待。**一旦你接受自己是重要的，那麼就應該用這樣的態度對自己說話。改變語調。調整用字遣詞。用著你對尊敬對象說話的態度，對自己說話。改變瞬間就能看見。

照顧好自己

乍看之下，將這點納入心理治療的一部分，或許有點奇怪。但這點非常關鍵。對絕大多數的人而言，自我照顧並不是優先項目。我經常在大型組織內發表關於心理健康的演說。在這些場合中，我經常會先詢問「在場有多少人，今天有花時間來照顧自己？」作為演講的開端。平均來說，在擠滿五百個人的會場內，若有十二個人舉起手來，就算非常幸運了。

在我們繼續進行之前，必須先定義何謂「自我照顧」。自我照顧是指在生理、心理、情緒，甚至是精神上，照顧好自己。這並不一定是指洗澡或按摩（當然，只要你有需要，要洗澡、按摩，還是通通都來，都是可行的）。其他像是：健康的飲食、運動、休息、正念或冥想、拜訪朋友或家人，還有練習感恩，全都是自我照顧的一種。

我鼓勵你廣泛地思考自我照顧，並誠實評估你每日如何照顧自己。下列是值得你進一步深思的問題：

- 你的飲食習慣是否符合健康的生活方式？
- 你是否努力在日常生活中，增加體能鍛鍊（在自己能力範圍內）？
- 你會在一天中安排休息時間嗎？
- 你是否進行了任何能讓心靈平靜下來的活動？
- 你是否會談論讓自己心煩的問題？
- 你多久社交一次？
- 你覺得自己的工作與私下生活是否平衡？
- 你是否總將其他人的需求，放在個人需求之上？
- 你會對自己一天中的美好之處，表達感謝嗎？

自我照顧被誤解的情況所在多有，或人們認為，面對現代社會的各種要求，這樣做是自私、奢侈或不切實際的。我非常不贊同。要能勝任日常生活與工作，自我照顧是**必須**的。這是一種責任。它不僅能幫助你活出最好的狀態，更能讓其他人遇見最棒的**你**。這是一個珍惜並尊重自我的強大狀態。你擔負起人生的責任與主控權。稍早時候，我們曾討論過，你對自己說的話，會如何影響你對自己的感受。自我照顧（或不照顧）也具備同樣的效果。自我照顧是一種治療行為。你出現在自己的生活中，並決定自己是值得受到照顧的。倘若缺乏自我照顧，精疲力竭、過勞或崩潰（隨你稱呼）的風險，會顯著提升。自我照顧絕不是在犯錯或放縱。我們需要嚴肅看待自我照顧。我目睹過人們因為忽視身體發送出「你需要好好照顧自己」的訊息，而陷入悲劇。但今天的你，有扭轉悲劇的機會。

對自己寬容

幾年前，我發現，每當我詢問案主關於「自我慈悲」（self-compassion）的話題，對方經常投以懷疑的眼神。他們的樣子就像是在說，「這傢伙在說什麼神奇魔法？」從那之後，我決定以不同的方式來提問：「你是否讓自己不好過？」而對於**這個**問題，我收到的答覆幾乎都是肯定的「**對**」。

後來，我又再追加另一個問題：「如果你少針對自己一點，你覺得生活會不會更好過？」同樣的，答案也是肯定的「**會**」。這也是我認為，此刻我們應該談談自我慈悲的原因。

自我慈悲絕不僅止於你如何對自己說話。這是基於心智**以及**行動的深層自我照顧。這意味著採取自我接納與溫暖的態度，放下批判，並學習如何在難熬的時刻下照顧自己。

這代表對自己說，「沒關係！」「我們可以的。」並在那些讓人無法忍受的處境下對自己說，「我會陪著你。」這相當於詢問自己，「你需要什麼？」自我慈悲意味著，你憑本能學到何時該採取行動，何時該停下，何時該為自己辯護，何時又該保護自己，像是「我們休息一下吧。」「我要帶你去度個假。」「我希望你少接觸這些人。」或「讓我們去散個步，放空一下吧。」

倘若身為心理治療師的我，被迫只能選擇一樣工具，我會選擇自我慈悲。讓我解釋原因。身為人類，我們都會犯錯。有些時候，我們會搞砸事情、會失敗、會跌倒、會精疲力竭。此外，每個人都不完美。但人們卻因為這一切，去傷害自己。

自我慈悲之所以強大，就在於其接受並面對我們擁有的人性缺陷。由於這對絕大多數者來說，都很困難，因此練習自我慈悲往往能直搗問題的根源。你學會熟悉內在的敵人，並以更包容、輕鬆與開放的態度，去面對。

自我慈悲意味著擁抱生命的本貌，以及此刻最原原本本的你，不以任何成功、成就或榮譽為條件。倘若你就屬於讓自己不好過的類型，請試試看自我慈悲。這是無論任何時候，你都能投靠的忠誠且可靠伴侶，而且絕對不會讓你失望。

如實生活

在這樣一個痴迷於創造十全十美的人生、理想體態、最佳關係、完美牙齒等幻象的社會，我打算提出截然不同的選擇：請毫無歉意的，直接呈現你的真貌。

我打從心底相信，想要創造與我們本質並不相符的幻象時，只會削弱自我、讓自己處於劣勢。人們會感覺到其中的虛假，就好比如果對方不真誠、假惺惺，我們其實都心裡有數。但要是「做真實的自己」不能讓你得到想要的，你或許該重新思考自己追求的方向。假如你削弱、看輕或掩飾自己的本質，就會危害到個人完整性及支撐著你的根基。

我還記得曾有一次，有朋友建議我在書籍訪談中，不要說太多個人的痛苦經歷，因為「要是心理師自己也飽受掙扎之苦，人們不會想要聽他的建議」。我不同意這點，也沒有改變做法。我之所以擅長這份工作，部分原因就在於我經歷過、也理解人類的痛苦。我為什麼要把這點藏起來？在健康與心理方面表現最出色者，往往是那些也曾經走過同樣道路的人。

我並不是在鼓勵你，不要試著去提升自我。畢竟，個人成長能讓你獲得滿足，更有助於強化個性與特質，使你成為獨一無二的存在。反之，我所要求的，是要你別被「自己必須不一樣」的想法牽著走。你不需要。

請致力於真實的自我，你絕對不會失望的。

PART II

致過去，
迎向嶄新的自己

Chapter 6

為你的一天做好準備

你是否曾經有過這樣的日子：因為約會遲到而匆忙奔出家門，內外套反的毛衣讓你看上去，就像是被人揩倒從樹叢拖過，而你只能六神無主地祈禱自己有帶上手機、錢包和鑰匙？除了髮型看上去就像是沒帶安全帽就騎車的樣子，你同時注意到自己的思緒快速飛轉。一切都讓人感到瘋狂、混亂且失衡。你還沒為這天做好準備，而後果就是，接下來的一整天，全發生些只能用糟心來形容的事。我們都有這樣的時候。

下一次，當你坐在早晨的地鐵或公車上，或身處在車陣中時，請看看其他人有多疲憊。但事情不見得一定要如此。

現在，你已經完成了基礎工作，我們即將把你所學套用到日常生活中。關於心理治療，最常出現的錯誤認知之一，就是認為，這不過是一週一次的會談，沒別的了。任務完成。但事實上，心理治療更像是一種生活方式，而且必須如此，因為生活中的挑戰總是時不時地冒出來。一旦你掌握了在人生曲折中繼續前行的能力，你就能真的充滿力量。

在每日十分鐘自我心理治療中，會結合預防措施與應對技巧，能讓你有效重拾生活平衡。

本章的重點，會放在**日常十分鐘練習的頭四分鐘上**。這四分鐘裡，你會以正確的方式，為即將到來的一天**做好準備**。

我必須承認，我並不是早起的人。我浪費了許多時間在瞎忙，然後什麼也沒完成。但心理治療教會我改掉這一點。畢竟，我們如何開啟一天，對一整天的體驗，會造成極大的影響。一些關於正念的研究，也支持這點。

我猜想你們之中，有許多人會在每天早晨，思考自己須盡的責任，像是：叫孩子起床、送孩子去學校、遛狗、做中午的便當、出門上班等等。現在，我要在你的例行公事中，加上一項任務！我知道你在想什麼。但我向你保證，這四分鐘絕對會改變你這一天的面貌。假如你能抽出幾分鐘刷牙、洗澡，那麼我強烈建議你，不妨抽出幾分鐘，好好照顧自己的心靈。當然，這可能會需要你放棄其他沒那麼重要的事。

該怎麼做？

每個人早晨的例行公事都不一樣，因此我不會強制規定，這件事必須在早晨的什麼時候進行。我只希望你能在一天開始的頭幾個小時內，將這連續四分鐘的活動安排進去，越早越好。我唯一的條件是：找一處安靜且私密的地方，讓你與外界隔絕。倘若這代表要把自己鎖在廁所裡，那就這麼做吧。假如噪音會對你造成困擾，請使用耳機或耳塞。就實務層面來看，我希望你能想辦法辦到這件事，同時留心那些時不時浮現在你腦中的負面聲音，像是這麼做根本「不可能的」、「我做不到」或「我沒有這個閒工夫」。留心這樣的聲音，再小心地關掉它們。

在這自我心理治療的四分鐘裡，我們將囊括四個重點領域。在接下來的篇幅中，我會告訴你關於每日自我心理治療的所有背景、脈絡以及「為什麼」（why）和「如何做」（how）。因此，在第一次閱讀時，你或許會覺得練習中有太多內容要顧。但是別擔心。只有部分是與「如何做」相關。也就是實際上，你每天在自我心理治療中會進行的內容。

此外，假如你剛開始進行時，發現時間超過了四分鐘，也不要心急。隨著你越來越熟悉整個過程，事情也會變得更簡單。請把這四分鐘的流程，當成必要的心靈檢查。

我想再次重申，儘管我在本書中所教予你的每日自我心理治療，並不能取代面對面的完整心理治療，但抽出四分鐘來開啟全新的一天，絕對比什麼都不做要強。畢竟，許多人連一分鐘都不願意花在自我照顧上，即使這有療癒功效！而你領先了他們一步。

這四大重點領域為：

第一分鐘—情緒調節檢查：**我今天好嗎？**

第二分鐘—以慈悲焦點治療為取向的自我照顧策略：**我今天需要什麼？**

第三分鐘—綜合療法（integrative therapy）所使用的工具：為生活注入更多感激與目標。

第四分鐘—正念與眼動減敏與歷程更新治療法（eye movement desensitization reprocessing，EMDR），所使用的技巧：安定身心（grounding）。

第一分鐘：我今天好嗎？

在這一分鐘裡，你需要帶著好奇心，回答以下問題，進而調整自己的情緒、生理與心理狀態：

- **今天我的情緒狀況如何？**此刻占滿你心頭的情緒是什麼？我們希望能感知到目前的情緒狀態，並讓情緒以有益於你的方式，去引導你。

- **我的身體感覺如何？**尋找身體上任何的緊繃、不適與疼痛。
- **今天我的心靈好嗎？**觀察腦中思緒的分量、速度與性質。

稍後，我會逐條帶你了解，該如何進行這些檢查。但首先，請再次提醒自己，為什麼知道自己每天的狀況非常重要。

倘若我們不清楚個人的狀態，自然無法判斷自己需要什麼。如果我們不知道自己需要什麼，就不可能適當地照顧好自己。而這屬於一種自我忽視，此種行為只會導致不必要的受苦。

倘若你是情境喜劇《六人行》的粉絲，你肯定記得喬伊那句用到爛的調情開場白：「你好嗎？」（How you doin'?）每看一次，都會讓我笑到不行。有些時候，我在問個案他們過得如何時，腦中也會突然蹦出這句話。當然，我會避免用喬伊招牌的調情語氣，來提出這個問題（否則當事人應該會奪門而出！）但我會試著避開「你感覺如何？」這個已經聽到爛的問題。此外，在剛開始進行心理治療時，你可能會出現無法掌握、或很難好好說出自己感受的情況。或是，也還沒有準備好，去面對深入檢驗情緒時，突然迸發的脆弱性。所以，改用較具體、開放的問題，反而能引導出可供我們使用的有效答案。這也是為什麼我建議你以「今天的我好嗎？」而不是「我感覺如何？」來開頭。

現實就是，絕大多數的人從未花過一點時間停下來，檢查自己過得好不好。許多人都是早上醒來後，下床，然後開啟自動模式，展開一天。讓我換個方式來說。假如我們認為，人是由大腦擔任主導引擎的運作機械，那麼為什麼會覺得大腦不需要進行例行維修？我相信絕大多數的人都不敢搭一架在起飛前，沒有進行引擎檢修的飛機。那為什麼在展開一天之前，我們卻敢不進行任何身心檢修？明明這麼做並不困難！

今天我的情緒狀況如何？

假設你此刻處在一個安靜、遠離外界干擾的地方，我建議你舒服地坐下來，雙腳微開並穩穩地踩放在地上。閉上眼睛，將雙手放在胸口或肚子周圍。你可以把手放在與情緒有關的身體部位上，這能幫助你去感知自己的情緒反應。

接著，溫柔地問問自己，**「我今天的情緒好嗎？出了什麼問題嗎？」**假設此刻你心裡有悲傷或憤怒等情緒，它們會慢慢浮現，而你自然會找到表露情緒的方式。請以好奇、開放且慈悲的態度，來提出這些問題，允許情緒的展露。

請記得，在此階段，你不需要抽離情緒或採取任何措施。相反的，只需要去感知情緒的存在，從而得知自己該如何安排今日的自我照顧。

在自我心理治療的第二分鐘裡，則要思考你今天該採取哪些行動，以平撫自己所找到的負面情緒。舉例來看，假設你發現了悲傷的情緒，那麼可以試著在一天中，安排自我照顧、調整生活步調，或和親近的朋友聊一聊。如此一來，你就能面對情緒，並對那部分的自己說，**我聽到你了。我看到你了。我就在這裡陪著你**。儘管到目前為止，你只是單純地安撫自我。

我的身體感覺如何？

有一句話是，心靈的傷，身體會記住。這句話的意思是，人一旦經歷了心痛、失去、創傷或逆境，這個經驗帶來的痛苦，會被身體牢牢守住。我們的身體記住了它們。有些時候，生活事件會觸發這些回憶，引發生理反應，像是肉體上的疼痛或緊繃。如同情緒，疼痛也可以成為「我今天好嗎？」的指標，儘管在認知上，我們或許沒能察覺自己痛苦的深度。

回想當你聽到某人說著，「我喉嚨好像梗著一塊東西」、「我的心臟劇烈跳動」或「我覺得我的腦袋好像要爆炸了」，卻找不到任何可以解釋這些狀態的理由。他們並沒有遇到任何心煩意亂的事，也沒有追著公車跑，更沒有被任何東西嚇到。在這些例子裡，很有可能他們觸發了一件負面回憶，而這個回憶選擇透過身體、而不是心理來呈現。再一次提醒，我們不能將身體與心靈拆開來審視。研究已清楚告訴我們，此兩者密不可分。

我們需要承認、最終釋放回憶所蘊藏的痛苦。

我接受過所謂的EMDR創傷治療模式的培訓。而透過EMDR來治療嚴重創傷經歷者，有些時候，對方會很難進入創傷回憶。這樣的情況發生時，他們反而會透過身體知覺，來碰觸這些回憶。

我曾經治療過一名年輕女性，她因為性向，在家鄉遭遇了虐待（有六十九個國家將同性性行為視為非法）。她有嚴重創傷後壓力症候群（PTSD）的所有症狀，卻怎麼樣也無法回想起自己經歷的細節。在療程中，她開始哭了起來並護著自己的手臂。她顯然非常痛苦。過了一陣子後，她漸漸冷靜下來，而我們完成了那次療程。

當我詢問她哭泣時為什麼會做出保護手臂的動作，她看上去非常困惑。她完全不記得自己有那樣做過。接著，她捲起了毛衣的袖子，展示上頭數個被菸蒂燙出來的疤痕。儘管她的大腦不記得自己遭遇過那些對待，但身體記得，而那份痛苦透過手臂的疼痛展現出來，重現她在虐待當下所感受到的痛苦。她的創傷選擇透過生理來展示自己。

當然，這是相當極端的例子。但透過這個例子，我們能知道，假如你忍著某個負面情緒、或沒有處理生活中的痛苦，它們很有可能會被身體牢牢記住。這可能會帶來不適，並引發身體健康方面的問題。研究顯示，許多（並非全部）身體健康問題都參雜著心理因素。當然，這並不意味著生理症狀是假的，它們絕對再真實不過。但值得記住的是，心理問題如壓力、失去、情緒痛苦與創傷，對那些本就屬於高風險者，可能會造成更多生理健康問題，或讓既存的症狀惡化。

了解這點後，接下來，就要進入到日常身體檢查。用詢問大腦的問題，同樣去詢問身體，並維持坐姿，閉上眼睛。**今天我的身體好嗎**？

用心掃描身體上下，從頭到腳，純粹去關注自己在各部位的發現。有哪裡感到緊繃？哪裡很痛？你或許會發現從未注意到的疼痛或刺痛。這些都沒有關係，無論你發現了什麼，有注意到絕對好過於渾然不覺。

再一次，我會鼓勵你保持開放、好奇與慈悲的態度。倘若你確實發現身體方面的問題，這會讓你知道在接下來的一天中，該如何對待自己的身體。

但就現階段而言，你只需要單純去感知自己的身體：**我聽到你了。我感受到你了。我在這裡陪著你**。你在這一天即將進行的心理治療行為，會幫助你釋放疼痛，讓你了解身體正試圖告訴你什麼訊息。之後，我們會再談談這些。

今天我的心靈好嗎？

最後，請簡單檢查自己的心智活動。**今天我的心靈好嗎？**它今天很活躍嗎？思緒跳來跳去嗎？今天腦中有什麼負面的劇本正在上演？請記得，不要陷入自己的思緒。你只是在掃描思緒的樣貌，確認狀況，僅此而已。此外，一如既往的，請維持開放的態度，保有好奇心，抱持同理心。你在對心靈說，**我聽到你了。我看到你了。我在這裡陪著你**。你會對自己的發現，感到驚豔。

每當我腦中有千頭萬緒在兜轉，我會讓心靈檢查盡量從簡，並提醒自己：不過就是一個狂風暴雨的日子罷了。我知道自己能在接下來的一天中，透過行動撫平這場風暴，而這點讓人無比放心。

好啦，完成了。十分鐘日常心理治療的最初部分，正式完成了。透過以上流程，再加上你今日的情緒、生理與心理狀態概述，你可能會發現大量關於自己的新資訊。那些直到此刻，你才終於察覺的訊息。短短一分鐘就能帶來的效果，是不是令人驚奇？請把這些，和你面對他人問候的機械式回應，做個比較。後者通常像是：

- 很好。
- 都好。
- 還行。
- 不算很糟（假如你是愛爾蘭人）。

但這些答案根本不能讓我們認識自己！

現在，我們要進入到第二分鐘：對你在自我檢查中所發現的情況，做出回應。

第二分鐘：我今天需要什麼？

如同我之前所提，只要一談到自我照顧與自我慈悲，人們總會陷入糾結。這種情況在我的個案身上，就時常見到。每當我提到上述其中一項，他們就會露出懷疑或不太肯定的神情，就好像我的建議非常奇怪或詭異。但自我照顧與自我慈悲不過是當代對「照顧好自己」的重新詮釋——那個數千年以來，無數進步文明與社會，成功做到的事。

具體來說，要寵愛自己，自我照顧是**實際操作**，自我慈悲則是伴隨其左右的**態度**。儘管這兩者不至於缺一不可（我可以在實務上照顧好自己，卻在心理上對自己非常惡劣），但應避免此種情況。照顧與關懷應該相輔相成。我將此命名為關懷照顧（carepassion）：對自己關懷備至的照顧行為。

面對人們不願意善待自己、對自己慈悲，我非常訝異。人們常常把「善待自己」當成是自私、自我主義、對他人不公平或懦弱的象徵（這在西方文化尤其為真）。讓我鄭重澄清：這絕對不是真的。在生理與心理上愛自己、對自己仁慈，不僅能提升周圍人群的福祉，更能提升個人的幸福度。許多以慈悲焦點治療、正念與神經科學為主軸的研究指出，自我照顧和自我慈悲，是人類正常運作不可或缺之元素。它們絕不是華而不實的享受。

現在，以你在第一分鐘獲得的發現為基礎，我要邀請你在第二分鐘裡，問問自己，你今天或許會需要什麼，以及你該如何以關懷照顧的態度，去回應自己的情緒、生理與心理。

今天的我在情緒上，需要什麼？

請想一想，該如何適當回應自己的情緒需求。最簡單的方式，就是比照你會如何回應一個痛苦孩子的需求。大部分的人見到哭泣、沮喪、害怕或脆弱的孩子時，都會試著去安慰或安撫那個孩子。這是人與生俱來的原始反應。而這也正是當我們出現情緒時，應該用來對待自己的方式（尤其在面對不好的情緒時）。

無論你在檢查中找到了哪些情緒，請試著不要死板地問那些情緒，**你需要什麼？**而是給予它們一點表述自己的時間。這可能是一個在你腦中浮現的圖像、一個字、一段回憶、一個聲音，甚至是一首歌。我的案主經常表示，他們在這樣的過程中，獲得寶貴的體悟。下面是腦中可能出現的需求實例：

- **悲傷**：我需要休息。我得發洩。我想要有人聽我說說話。我該停下來。
- **憤怒**：我必須改變這點。我需要被理解。我要表達這點。
- **恐懼**：我需要安全感。我得知道自己並不孤單。我必須要知道一切都很好。
- **孤單**：我需要陪伴。我想要被理解。我得結交新朋友。我要能傾聽我的對象。

在感受到內心情緒所表達出來的需求後，是時候來決定你今天應該採取哪些**關懷照顧**行動，好照顧你的情緒。

今天的我能採取哪些行動，來幫助自己的情緒？

想想看，哪些行為能幫助你獲得寧靜與自在。下面是部分或許有助於你撫慰自己的實際步驟建議：

- 休息。
- 花一天時間，遠離喧囂。
- 和友人共進午餐。
- 在公園裡散步。
- 看一部電影。

‧煮自己最愛吃的食物。

今天的我該如何對待自己的情緒？

你會對自己好一點嗎？你會帶著善意和接納的態度，平靜地與自己對談嗎？你會放下對自己的評判、批評與苛責嗎？

請留意情緒是如何開始恢復。而這之所以能發生，是因為它們獲得了許可，有機會被看見、聽見，並得到完整接納。你以慈悲的態度，接受、關懷了這些情緒。或許這樣的事情在過去從未發生過。此刻，你與你的情緒肩併著肩。這就是最強大的生存方式。

我的身體今天需要什麼？

在你審視了身體並找出症狀後，給予回應也是非常重要的。你要詢問身體，**你需要什麼？**

下面是那些找到強烈生理症狀的個案，在傾聽症狀後所得知的需求實例：

- **疼痛**：我需要休息。我想要自由。我得抽離一下。我必須放手。
- **緊繃**：我得更放鬆。我需要一點空間。我必須表達這些。
- **刺痛**：我只想求個安心。我得搞清楚一些事。我需要計畫。我想要找回安寧。

在你感知到身體或許需要什麼後，是時候來決定，你今天應該採取哪些**關懷照顧**行動，好照顧身體。

今天的我能採取哪些行動，來幫助自己的身體？

無論你身體的靈活程度為何，總有某些行為可幫助你釋放身體潛在的負面能量。我認為動一動，能疏通那些「阻塞」區域。下列是實際行動的部分範例，可能有助於你平撫自己：

- 運動。
- 伸展。
- 瑜伽或皮拉提斯。
- 散步或跑步。

今天的我該如何對待自己的身體？

你會對自己好一點嗎？你會帶著善良與接納的態度，溫柔地對待身體嗎？你會放下對身體的評判、批評與苛求嗎？為了維持身體健康，你會攝取必要的營養素嗎？

再一次的，當你採取這些行動後，請留意身體是如何平靜下來。而這之所以會發生，是因為你完整感知了身體的狀態。因為你帶著同理心接納並關愛身體。或許這樣的事情在過去從未發生過。此刻，你與你的身體肩併著肩。這同樣也是最強大的生存方式。

今天的我在心靈上，需要什麼？

人類的大腦就與體內的所有器官一樣，有時會工作過度。它需要休息、重置和修復的時間。倘若你無法在一天之中安排這樣的時間，那麼大腦很快就會精疲力竭。照顧心靈就跟照顧身體一樣，是不可或缺的。

值得記住的是，大腦就像是一塊海綿。它會吸收一天中的所有事物，吸取你全部的精力。每當你想得太多，它也會做出回應。一旦你處在高壓的情況下，它會啟動「威脅」機制。簡單來說，它會不停運作，直到你下達停止的命令。而冥想與呼吸運動等技巧之所以非常有效，就在於它們能讓大腦停下來、或放慢轉速。它們能創造平衡。但也不是非冥想或做呼吸運動不可，任何能讓你在一天中獲得平靜與空間的行為都很好。

今天的我能採取哪些行動，來幫助自己的心靈？

除了冥想和呼吸運動，只要行得通，你也可以納入以下活動：

- 讓心靈休息一下（閱讀喜歡的書籍、看最愛的電視節目或電影）。
- 將緊張與壓力最小化。
- 給予心靈所需的營養資訊（勵志的播客、紀錄片、TED演講、自己有興趣的非小說類書籍）。
- 花時間浸淫在大自然中（別忘了那些強調「大自然對心靈福祉重要性」的研究）。
- 攝取能促進大腦健康的有益食物（網路上有大量關於「營養專家指出，攝取富含營養的食物，能提升心靈健康」的資訊）。
- 友善地對自己說話（批判性的自我對話會帶來痛苦）。

請記得：你的心靈是一切的核心。好好維護它絕對不是一種奢望，而是不折不扣的必要之舉。

今天的我該如何對待自己的心靈？

你會對自己好一點嗎？你會帶著善良與接納的態度，溫柔地對待心靈嗎？你會放下評判、批評與苛求嗎？你會給予心靈休息和恢復的時間嗎？

請留心你的思緒是如何慢下來，而它們的語氣又是如何變得溫柔，且更具同理心。去感知你的思緒是如何變得更清晰，且在本質上更有助益。它們是講道理的。你帶著同理心，接納並關愛著心靈。或許這樣的事情在過去從未發生過。但此刻，你與你的心靈肩併著肩。這是最強大的生存方式。

第三分鐘：為生活注入更多感激和目標

人類大腦天生就愛尋找問題。根據神經科學家的估計，我們的思緒之中，有六成是屬於負面或恐懼的。負面思緒實在太多了！但難就難在，大腦偏偏認為這樣對我們更有幫助。它本能上會為最壞的情況做好打算，好幫助我們避開傷害或危險。有些時候，這確實很有效。但更多時候，這麼做只會徒增心理壓力，沒有實質意義。

好消息是，有非常簡單的方法，能解決這個問題：表達感激，以及設下目標。

此兩者皆能扭轉大腦，讓它進入更健康且合適的思維模式，從而徹底改變你的一天。

真心感激，不帶愧疚感

在開始之前，請容我先說：我並不總是擁護「感激」此一概念，理由後文會再說明。我每天都會冥想。許多年前，我曾遇到一位老師，非常喜歡講感激的重要性。但他的言語總讓我心生愧疚。他經常說，無論課堂上的成員此刻遭遇什麼難題，那些問題與世界上其他人正在經歷的苦痛相比，根本不值得一提。接著，他會開始列舉自然災害、受戰火摧殘的國家，或當時鬧得正大的悲劇新聞。接下來就是要我們背誦咒語：**我有太多需要感謝的**。也因為如此，我總會對自己說，「歐文，你真丟臉啊！」

在某天晚上課程結束後，我注意到，班上一名女子坐在離教室牆壁非常近的地方。我看得出來她正在哭。我試探性地靠近了她，看看她是否沒事。她有事，且值得令人深思的是，她也因為生命中有那麼多值得感恩的事，但她卻沒有充滿感激，愧疚不已。她正處於悲痛之中，因而感激不是她的優先考量。

在我們開始聊天後，她提起自己二十一歲的兒子，前年因為摩托車事故過世。她陷入深不見底的黑暗之中，並正在努力擺脫巨大的傷痛，與失去摯愛的感受。她因為自己忘記世界上其他人所受的苦，感到內疚不已。

但她並沒有忘記。她只是被自己的悲傷，暫時困住了，導致她無法同理他人的苦難。

我認為，讓自己能不帶著任何羞愧去懷抱感激，是非常重要的。畢竟，深陷於沮喪、焦慮、孤獨、痛失親人或絕望的感受時，還要抱持感激之情是非常困難的事，此點我完全認同。這是百分之百正常的。在這些情況下，人類的大腦會忙於製造各式各樣可怕的念頭，自然不可能自發性地創造滿懷感激的思緒！但這正是事情有意思的地方。心理學和神經科學研究指出，一旦我們進入「感激模式」（無論我們是否喜歡，或必須強迫自己進入），大腦就會自然而然地開始製造令人感覺愉快的化學物質，像是多巴胺、血清素或催產素。簡單來說，想著那些值得感謝的事物，能迅速改善情緒並減輕焦慮。而且，感謝的事物越多，效果也越明顯。我知道這聽上去很簡單，但其中的學問深具說服力。

因此，請繼續坐著，閉上眼睛，思考生命中三項值得感激的面向，無論是朋友、家人、寵物、工作、家庭、財務、健康或是當天的天氣等。請將此當作第三分鐘自我心理治療的一環。任何值得你感激的事物都可以。

在你找出三個面向後，請大聲地對自己說出來。倘若感覺確實有幫助，不妨多說幾次。研究指出，即便是對自己說，利用語言來表達感激之情，能強化其帶來的正面影響。

在你完成這個過程後，請深呼吸幾次，觀察情緒或感覺上是否有任何變化。接著放下、不再執著，繼續進行第三分鐘的下一個步驟：設定你今天的目標。

目標如錨，能穩住不安的自己

我們可以設立好的目標，讓一天變得更美好。當然，每天有個目標，並不一定意味著這個目標必須成真。你可以設下「成為百萬富翁」的目標，但不代表這件事必須發生！

讓我們重新審視你在第四章所下的功夫，也就是你希望人生有哪些改變，好讓未來變得更好，以及第五章裡關於展現真實自我，和用嶄新、更靈活，且適合自己的規則、信念與價值觀來活。當你在設定一天的目標時，我鼓勵你朝著那些對你而言真正重要，且讓你真心感到快樂、產生共鳴、獲得平靜的事物來思考，而不是追求唯物主義或虛榮的目標。

閉上雙眼且平靜坐著的你，請專心為自己說明，接下來這一天的三項目標。我想與你分享我今天的三項目標，希望這能帶給你些許幫助：

- 我會出來面對並做到最好。
- 我會照顧好自己，尤其在我感覺到快受不了的時候。
- 我會試著去理解並發揮同理心，來面對今日我所接觸到的人。

你每天的目標可能都不一樣，但請記得，這些目標的意義應該如同錨一般，讓你在這一天中能安定下來。假如你在一天的任何時刻感覺有點脫軌，可以用這些目標提醒自己，重拾安定的根基。

第四分鐘：安定身心

要為自己的一天做好準備，就涉及到安定身心。這是指，讓思緒與身體穩定下來。儘管安定身心只需要短短的一分鐘，但倘若時間允許且你也不排斥，那麼不妨延長這個練習的時間。

如同我們在基本功夫中所發現的，你的思緒經常擠滿了大大小小的念頭（且許多都是沒有助益的）。忙碌的思緒會形成壓力，而當你感到壓力時，身體就會製造出更多的皮質醇。這會引發強烈的交感神經系統反應，亦即你的心智與身體會進入「威脅模式」：它們預期會遭遇危險或傷害，因此隨時準備採取行動。這導致了你的生理與荷爾蒙開始反應，讓你覺得惶惶不安或憂心忡忡。

隨著我們在一天的開始就將這些過程慢下來，就等同於在對大腦說，它不需要整天都處在「威脅模式」。這有助於消停壓力或焦慮等一連串慌慌張張的行為。

有許多安定身心的技巧，能幫助人們平靜心靈，放鬆身體。倘若你感覺有任何一種方式特別適合自己，請繼續使用。

至於頭一次接觸到安定身心此一概念者，我想向你們介紹一種我認為最有效的安定身心技巧。我經常與個案一同使用此技巧，且在我之前的書籍中也提到過。

為自己找到「安全堡壘」

在一開始，我想強調，安定身心是需要練習的。但只要你進行過幾次、開始掌握其中的訣竅後，效果就會出現。我鼓勵你每天都做同樣的練習，並讓這個部分的自我心理治療過程，成為你的**安全堡壘**。

請繼續維持坐下的姿態，閉上眼睛，採取下列三個步驟：

①請發揮想像力，描繪出一個美麗且寧靜的地方。（之後每天都想著同樣的地方，以獲得熟悉感和安全感。）接著，讓自己盡情探索這片天地，感受那裡的顏色、聲音、氣味、氛圍、味道。輕輕地呼吸並享受大腦帶你領略的平靜。你正在運用想像力調整心態。

②在你放鬆後，請選擇一個詞彙告知你的大腦，你已經進入自己的安全堡壘。和前一個步驟一樣，請每天都使用同樣的詞彙。你可以自由選擇詞彙，但

我傾向於叫當事人使用類似「平靜」、「冷靜」或「快樂」等詞彙。請大聲地對自己重複這個詞彙數遍。你正在使用語言，來強化平靜的狀態。

③最後，當你坐在這個寧靜的地方時，請簡單使用你的手，**緩慢**地左右輪流輕拍自己的大腿。過快的節奏沒幫助。你可以進行此動作二十至三十秒。你正在使用的技巧，名為「雙側刺激」（bilateral stimulation）。基本上，你想像來到了一個寧靜的地方，而你選擇的詞彙強化了此點。在練習此技巧時，加入輕拍的動作，則是物理上的進一步強化。這會向大腦釋放訊息，告訴大腦不需要再處於「威脅模式」了。穩定的拍打節奏，能讓人感到自在並提升心靈感受。

在你完成後，請張開雙眼，讓自己適應一下。

你的日常自我心理治療的**準備**階段，已經完成了。此刻的你，已準備好迎接充滿未知的一天。

在這四分鐘裡，你進行了：

- 檢查自己的情緒狀態，還有身體及心靈的狀態。
- 想好自己這一天需要什麼。
- 練習感激。
- 安定自己的心靈。

在今日的午後，你會再次進入三分鐘的日常自我心理治療練習。那三分鐘將幫助你在一天中，**保持心定**，並讓你感受到內心的強大、專注，不會混亂失序。

Chapter 7

找回內在的安定

本章將著重在，幫助你保持穩定的治療技巧上。早晨的練習旨在讓你為接下來的一天做好準備，而此部分的練習，則更像是校正器。它能確保你不要走偏，並幫助你在剩餘的一天中，做最真實的自我。這個過程需要三分鐘，但就跟前一個練習一樣，倘若你沒有任何急迫的事情需要進行，不妨隨心所欲地稍微延長練習時間。

有充分的證據指出，鮮少有人會在一天中，抽出時間來關注自己的心理健康。如同前面章節所提的，人們很容易就會陷入不斷向前、直至精疲力竭的陷阱裡。而人累壞時，很容易就會重拾不好的習慣。

但也跟我們在基礎準備中所了解到的一樣，心靈的維護與自我照顧非常必要。我們有責任停下來，確認心智是否處於健康的狀態，以及我們是否有照顧好自己。這就是接下來的三分鐘自我心理治療，所著重的任務。

有些時候，我們能為一天設下最棒的目標。但事情並不總是照著計畫走。舉凡挫折、干擾、衝突、疾病、火車延誤、討厭的人、無理的上司和塞車，都有可能讓一天大有不同。

我想起了一位案主名叫米拉，她經常遭遇這樣的事。她會用冥想練習，來開始自己的一天。接著，她會去健身房。等到點心時間，她會再次冥想，並在一天中使用許多有名的自助技巧。但我發現，這些方法全都沒辦法讓她的一天不要變得那麼「可怕」。

在我們探討這一點時，我注意到，身為測量師的米拉，她的工作競爭激烈且難以預測。而從摸索她的一天如何惡化也發現，這其實往往與她如何思考，並因此採取行動息息相關。要是某個案子的截止日逼近，她會開始想著，「我做不好的，我一定會失敗。」

如果同事批評她的工作成果，她會想著「我不夠好」，還有「我看起來就像是個騙子」。問題就在於，米拉過於沉浸在這些想法中（因為這與她的信念系統不謀而合，那個你透過基礎工作而學到的概念）。事情還不僅止於此。當米拉陷入思維陷阱後，她會同時掉入與這些念頭相關的不健康行為之中。她會和同事爭執不休，接著又退縮。因為如此，她經常覺得自己遭孤立。而同樣的模式又會被她帶回家，用來對待自己的家人。

米拉理解心理治療的**理論**，卻沒有付諸實踐。她練習了冥想，且就旁觀者的角度來看，她似乎已經做了所有能做的事。但她真正需要的，是**投入**其中，以改變思維與行為，並維持這些改變。她處理了蛋糕的最上層（你或許還記得我們稍早的譬喻），卻沒有做出中間與最下層所需要的改變。

對絕大多數人來說，所謂惡劣的一天，往往是基於我們對事件的情緒反應，而不是事件本身。話說回來，這當然不包括嚴重事故，如痛失親友、可怕的意外、悲劇等那些本能上，會引起最自然強烈情緒反應的事件。

同樣的，我們因為這些事件而做出來的**行為**類型，對那一天造成的負面影響，往往大過於導致這些行為出現的事件。健康的行為能帶來好的一天，反之亦然。

在日常心理治療的**保持心定**階段，你需要利用三分鐘來注意三大領域。我會鼓勵你在開始之前，多利用一點額外的時間，練習你在心理治療**準備**階段中所學到的安定心靈技巧。這麼做能確保你在開始前，就進入正確的心緒狀態。

此外，我還會鼓勵你盡量在室外、或移動過程中（例如走路），來進行這三分鐘的練習。倘若出於生理限制，導致你很難做到此點，我會建議你坐在室外，或至少能看到室外的地方。我也會建議你找一處安靜且遠離干擾的地方，同時最好是靠近大自然。有大量研究指出，即便只是短短地在綠地上散個步，都有助於減輕焦慮，降低血壓，產生更多的幸福感。

在早晨的練習中，你是坐著並閉上眼睛。而現在，是一個更「積極的心理治療」。在活動的過程中，同時關注三大領域，能為你的練習帶來更大的活力與動力。此外，還能鼓勵你跳脫每日例行公事。畢竟，要讓習慣改變，嘗試新鮮事就對了。

我們要著重的三大面向，分別為：

第五分鐘—轉念練習，告別情緒化。

第六分鐘—我今天的行為健康嗎？

第七分鐘—隨手行善。

我希望能提醒你，此刻，**你**就是心理師，而你正在運用**你的**智慧與洞察力，來處理自身的脆弱和弱點。畢竟，沒有人比**你**更清楚這些。

請記得你投入在這些練習的每一分鐘，能帶領你朝更健康的觀點更近一步。你正在重新訓練自己的大腦，創造新的神經傳導路徑，好讓心智能以更靈活的方式去運作。這絕不僅只是三分鐘的散步或呼吸新鮮空氣而已。這三分鐘的強力介入，能塑造你的一天。

第五分鐘：轉念練習，告別情緒化

此刻的你已經展開了新的一天，也安定好身心，是時候回想一天發生過的事，將注意力集中到較棘手的遭遇上。

在回想相關事件的同時，請問問自己：我對這件事的反應為何，很情緒化嗎？出現了什麼樣的負面思維模式？舉例來說，這些行為可能包括：假設最糟的情況、以自己的臆想來猜測別人的想法（但可能根本不是真的）、陷入自我破壞模式、認定自己就是問題的根源，或任何在你傷心、生氣或倍感壓力時，反覆出現的負面思維循環。

接著，再問問自己：是什麼樣的深層信念，導致我出現這些負面思維模式？

最後，問問自己：今天我做了哪些不健康或有問題的行為？比方說，因為發生不好的事件，加上隨之而來、一連串的無益思維模式與深層信念，導致自己做出糟糕的舉動。（例如：「我為什麼要和老闆爭論？」「我為什麼要忽視朋友打來的電話？」「我開會為什麼要遲到？」「我為什麼要對店裡的那個人如此粗魯？」）另一方面，也可能正是那些不健康的行為，讓壞事發生。

請翻回第五章的「採取更健康的行為」一節，審視那些日常生活中，很可能出現的問題行為範例（儘管還有許多行為沒有列出）。

首先，我們將從校正思維陷阱方面下手。

為了做到此點，我們必須重新複習第五章所學到的技巧——重寫負面思維模式。

細想：那些負面想法有什麼證據能支持嗎？通常，你會發現幾乎、或根本沒有證據。那你能用哪些更有助益的想法，來取代那毫無益處的想法？最後，是時候放下那些毫無幫助的想法了。

在這個點上，我想分享個案傑克所遇到的情況。這應該會是很有幫助的例子。

傑克計畫要和朋友共進午餐，但對方並沒有出現。而讓情況更糟的是，傑克在社群網站上，看到他的朋友和其他朋友共進午餐的照片。他非常失望且憤怒。

在衝動之下，他傳訊息給那位朋友（用了一些難聽的話），跟朋友說自己再也不想見到對方，他們的友誼結束了。

傑克視這件事為朋友對他的拒絕，並因此激起一連串每當自己遇到難受的情況，就會反覆出現的負面想法與深層信念。

他在事件當下的思維模式是這樣的：

- 他為什麼要那樣做？
- 我肯定是超級不重要的朋友。
- 沒有人在乎我。
- 我會落得孤單一輩子。

- 他這樣對我，我恨他。
- 我真失敗。

一個念頭接著一個念頭，永無止盡。

而他的深層信念則為：

- 我肯定讓他失望了。我總是讓人失望。
- 肯定是我的錯。
- 大家總是拒絕我。
- 我不夠好。

而如你所預料的，這件事讓傑克接下來一整天都很不好過。

時間快轉到那日的稍晚時刻，傑克的朋友跑到家裡來找他。他對那封訊息非常困惑，也不明白傑克為什麼要生他的氣。他給傑克看了一則訊息，是當天早上傑克傳給自己的，上面寫著，「今天不行，下週再重新安排。」這封訊息本來應該要傳給傑克的同事，好取消一個會議，卻誤傳到朋友那裡，所以朋友就另外安排了約會！

傑克的想法與解讀根本完全錯了。在心理學上，這稱為「認知誤解」（cognitive misinterpretation）。而它經常為人們帶來不必要的衝突場面與許多問題。人類大腦能編出來的故事，簡直令人讚嘆。我們之中有許多人，更具備了王牌劇作家的能力！

請停下來，仔細想想一天之中有多少時候，你誤會了別人的話、動作、面部表情與行為。同樣想想，倘若你不停下來，檢驗自己最初的假設是真或假，那麼這些誤解可能會帶給你的壓力。

傑克可以打電話給朋友了解情況，或者檢查一下訊息。他可以多想一下，兩人長久以來的堅定友誼。但他被刺激到時，卻掉入了高度情緒化的陷阱中。

在這部分的練習裡，你有責任去確認自己此刻的思緒，以及你能如何進行修正，好改善這些念頭。糟糕的一天立刻就會不一樣。

接下來，我們要去思考，倘若未來再次遇到可能觸發不健康行為的事件，能如何更好地回應。因為自然而然的，之後還是會有其他人或事件，繼續刺激到你，而你無法切斷這些刺激。但你**可以**學習如何更好地回應。

問問自己這個問題：**怎麼樣才是有幫助、懂變通的反應？**

我明白，那些自動冒出來的負面行為反應，有許多早就內化成你生活的一部分。而必須每天練習，才能改變這些行為。但你越去挑戰這些行為，你獲得的進步也會越大。請記得：每當你用更健康的反應，去取代負面回應，就成功改變神經傳導路徑。

舉例來看，或許你因為不洗碗盤的問題，屢屢和伴侶或室友發生爭吵（是的，我們都經歷過）。對方覺得你不尊重他。於是你激烈地做出傷人的反應，對方也非常難過。氣氛變得非常緊張。

後來，在進行自我心理治療時，你回想並發現某些舊有的習慣又跑出來了。你一開始採取了迴避和以自我為中心的態度。當別人指出這一點，你的憤怒、保護與防禦機制就出現了。你讓對方變成了那個問題。

但現實是，他們不是問題。他們就像是舉起一面鏡子，映照著你的缺點與不完美。而這些讓人很難接受。更難讓人接受的，是被其他人看到這些不完美所產生的恥辱感。因此，最簡單的做法就是吵回去。我猜想，這樣的情況在你的一天中會發生幾次。我們全都如此！人們經常在沒能徹底了解自己為什麼如此受傷與憤怒的情況下，因為那些看似雞毛蒜皮般的小事，就與別人大吵一架。

好的，我離題了。回到那些碗盤上。更健康的心理回應該是怎麼樣的呢？讓我們重新校正一下。你沒有洗碗，伴侶或室友因此生氣了。對方說你不尊重他。就在那一刻，你最初的反應是憤怒，因為對方質疑你，還注意到你的其中一個缺點。但在你給出回應、或做出傷害關係的行為前（可是你明明很在乎對方，也希望能共度更多時光），請允許自己停下來。或許你能向對方示意，表示自己需要一點時間，之後再繼續談。這能讓你在不會感受到伴侶或室友的干擾下，給予自己一點生理與心理上的空間，來進行反思，並敞開溝通的大門。在暫停的時間裡，你注意到伴侶或室友顯然是不開心的。

你可以問問自己兩個問題：

- 我現在怎麼了？
- 我能如何更好地回應這件事？

在短暫的反思之下，你發現自己一直不太講理，而你企圖逃避、且有那麼一點點自私。向對方承認這些，並保證自己會努力改變。他們的反應很平靜，並對你說謝謝。接著，你開始洗碗。

一場戰爭避免了。

這就是我所謂的健康回應與心理彈性。你承認，承擔起責任，並基於尊重做出回應。這帶來了截然不同的結果。這一天變得更平順，也更和平。

我知道你現在說不定在想，「但這些爭吵很可能就發生在一瞬間。我要如何叫暫停？」答案很簡單：永遠都要留一個讓暴怒消散的空間。與其過度投入和過度反應，你必須讓大腦先冷靜下來，放慢反應，好釐清事情究竟是怎麼一回事。接著，你就能提出更深思熟慮、更開放、更有彈性的回應，而不是充滿防禦的答案。而這麼做毫無疑問能帶來更好的結果。

我忍不住回想起自己多年前的搭機體驗。在我準備登機時，機艙的工作人員給了不對的指引，讓我走到錯誤的通道。我站到了頭等艙的登機隊伍中，但我買的是經濟艙的票。這班飛機非常滿，而我一直等到靠近登機門時，才發現有差錯。我意識到自己犯了錯，一個我必須走到超長的隊伍後面，才能糾正的錯誤，否則我的行李就有可能被拖出來、最後弄丟（這樣的事之前就發生過）。而這導致我產生強烈的情緒反應：害怕在其他乘客的面前被指責和丟臉。接著，我注意到一名員工走向我，而我察覺到自己的行為即將進入防禦狀態，可能還會咄咄逼人。我進入了「戰鬥」模式。

我停了一會兒，注意到內心湧現出強烈的反應。我立刻決定切換模式。在那位工作人員靠近時，我對她微笑，並解釋我發現自己站錯了隊伍。切換模式讓我能進入較冷靜的狀態，也讓我因此能頭腦清楚地想出解決方案：詢問那名工作人員是否需要我到旁邊等待，直到所有頭等艙的乘客都登機為止。她向我表示謝意，看上去鬆了一口氣（我猜她預期自己要經歷一番爭吵）。於是我站到一旁，等了一下。

很快的，我登上了飛機，然後右轉朝著經濟艙走。就在我快要走到自己位置時，一位機艙空服員輕拍了我的肩膀，並請求我跟著他走。他們將我升到了頭等艙！

一個注意自己反應的簡單決定，和有意識地思考自己該如何行動，帶來了非常正面的結果。唯一的缺點就是，那趟飛行時間只有五小時。我非常不喜歡搭飛機，但我真的很不希望那班飛機降落！

健康的行為帶來好的結果。這個部分的練習——為自己目前在一天中遭遇到的棘手情況，思考更健康的替代回應，能幫助你在接下來的一天以及未來的日子裡，獲得更多正向的結果。

第六分鐘：我今天的行為健康嗎？

CBT認為，行為會直接影響想法與情緒，且情緒、想法與行為三者密不可分。

基於同樣的原因，在改善心理福祉方面，CBT也同樣支持行動（如走出諮商室後，做出積極的行為改變），就與跟心理師面對面晤談一樣重要。針對憂鬱症的研究指出，人們無法光憑認知介入（cognitive intervention）就獲得改善，而是必須積極且投入在日常生活裡。這正是我之所以採用此方法的原因。心理治療**絕對**不能限於紙上談兵。就我來看，倘若你不願意去改變行為，那麼不斷審視自己的想法、情緒與心理歷程，一點意義也沒有。

根據多年的臨床治療經驗，我發現個案有時候會忽略要改變行為。當然，你可以表達期待、承諾與渴望，但有因此付諸實踐嗎？鮮少，除非在晤談中明確鼓勵相關行動。因此，讓我告訴你，我是怎麼對案主說的：倘若你沒有準備好改變自己的日常行為，我想我無法幫助你。這聽起來很嚴厲，但這就是事實。

讓我們不要忘記這一點，然後一起進入到戶外練習的第二分鐘。

我希望你能仔細想一想，你今日的哪些舉動，讓你充滿活力、受到鼓舞並覺得積極向上。這些行為包括了慢跑、參加讀書俱樂部的聚會、上跳舞課、在大自然中散步、冥想、畫畫、游泳、當志工，或任何對你而言意味著「投入生活」的活動。（順帶一提，我曾目睹許多案主，原本很少熱情體驗生活，但把可以全心投入的活動納入生活後，產生了令人震驚的蛻變，像是菲洛美納和她的園藝生活。）

下列是你在回想那些正向行為時，值得進一步深思的問題：

- 你今天為了自己的健康做了哪些事？
- 就個人能力而言，你今天有活動筋骨嗎？
- 除了日常例行公事，你還做了哪些有益健康的活動？
- 你今天做了哪些能在生理或心理上，激勵自己的行為？
- 你對今天的生活有多投入？
- 你今天是否做了任何會損害幸福的行為？（像是飲酒過度、使用娛樂性藥物、營養攝取過量或不足，或吃太少食物、不安全的性行為，或任何不會讓你感到快樂的性行為、強迫性或過度消費。）

根據你的日常例行工作，你的答案很可能每天都不同。但我們的目標是，漸漸意識到自己的所有行為，並去了解是否需要改變。

這讓我們重新回到你對自己的承諾，並在剩餘的一天做出更多積極的行為。請思考下列問題，並讓答案帶領你度過更健康且有活力的後半日：

- 我今天的健康計畫與承諾是什麼？
- 在能力範圍內，我能抽出哪些時段來做體能活動？
- 今天我能做到哪些讓我感覺健康且充滿能量的事？
- 今天我該如何以健康的方式，來激勵自己？
- 今天我能如何更投入生活？
- 今天我該放棄哪些不能帶給我支持力量的行為？

請記得，這部分的練習旨在幫助你，讓你於一天的中間，重拾掌控權。即便到目前為止，你的一天並不順利，這也能讓你針對現況做些努力。你是自身行為的主人。你的行為無權支配你。

第七分鐘：隨手行善

對於是否要將「隨手行善」納入日常練習中，我非常認真且深思熟慮了許久。

儘管某些治療模式中存在著「行善」此一概念，但這個概念的起源來自東方宗教。然而，人們似乎存在著一種傾向，只要聽到「善行」、「自我照顧」、「同理心」等詞彙，就會覺得這些概念有點虛無縹緲，甚至道貌岸然。但此處我所提到的「行善」，遠比這些刻板印象來得更複雜、更細膩且具挑戰性（尤其就此刻來看）。這很合理，因為這遠超過我們在面對面、或在網路上所說的話，而是關於實際改變行為。（這與我稍早提到「坐而言不如起而行」的概念，如出一轍。）誰都可以說著漂亮話，但只有行動才能算數。

本著誠實的精神，我想解釋自己之所以不太願意使用「善」這個字，是基於該字彙在現代社群媒體及宗教方面的常見聯想。我相信你早就非常熟悉「#bekind」（要善良）此一社群標籤。儘管其潛在的訊息是非常正向的，但這個標籤一次又一次地出現在有毒的推文串裡，且經常用來為那些不善良或霸凌的行為做辯護。

一些宗教也用相同的方式，來解釋「善」的概念。如同前文所說的，我從小就是一名天主教徒，但儘管神父與主教宣揚著「愛鄰舍」（亦即去愛所有人，無論他們的宗教、膚色、信念等），且人人生而平等，但天主教教會就其歷史來看，卻不是對每個人都好。他們孤立了許多人。而且他們的言語和行動並非總是一致。我並不是想攻擊宗教或教會，因為他們確實也做了偉大的事蹟。我的重點在於善良和同理心，應該施展到**每個人**身上，它們應該是深刻、有意義的，不該只是空口說白話。

儘管如此，倘若能在深思熟慮下，於生活中行善，它可以成為促進正向改變的強大治癒力量。請容我進一步向你解釋。

當人類面臨痛苦，很自然地就會被自己占據。我們變得只往內看、以自我為中心、孤立，且不太在乎他人的需求。這是一種自我保護機制。某些時候，這能讓我們在恢復或休息期間內，獲得好的效果。但倘若這變成長期模式，問題就來了。這會讓低落的情緒、焦慮和許多負面模式，變得更加嚴重。透過研究我們知道，對他人的善舉能提升自己的幸福感。其中的原因有幾點。比方說，每一次當你行善：

- 你會感受到化學物質，如多巴胺、血清素與催產素（令人感覺愉悅的荷爾蒙）的湧現。
- 感覺與他人產生聯繫。

- 打斷「向內看」的模式。
- 感到有價值並出現使命感（希望讓別人感覺好一點）。
- 感覺就像你與其他人一起為著共同目標而努力，以實現更大的善。

對絕大多數的人來說，對周圍與自己存在某些關係的人友善，往往比較容易。評估這些善意造成的影響，通常也比較簡單。儘管我深信，所有的善意都是一件好事。但我同時也相信，對於那些我們或許不認識、或不親近者隨手行善，其力量比為自己熟悉的人做好事，更為強大。

這是什麼意思？

事實上，對陌生人釋放善意，這對善意**給予者**——你，所造成的影響，遠大過於善意的接受者，**因為**這個行為的難度比較高。做出善良行為的難度，讓行為本身變得更為無私，而當人展現了無私，內心也會出現不可思議的變化。我們超越了自身煩惱，暫時遺忘痛苦。打從心底深處，我們知道自己為更大的善，做出了貢獻。我們啟動了自我療癒。

這也是為什麼我最終決定將「隨手行善」，加入到日常心理治療中。請讓我們進一步討論，該如何在一天中及自我心理治療時，隨手做善事。

在這一刻，請花一些時間思考，你今天能隨手做哪些善事，而你又會如何去做。注意，我不是叫你要大手大腳地幫別人清償貸款，或送車給對方。相反的，請想想，要如何讓對方知道「你有把他們放心上」，使他們的一天有所不同。這包括了替街上無家可歸的流浪漢買一份三明治、替看起來很難過的同事泡一杯茶、讓路給一輛正在努力倒出來的車、對看上去似乎很孤獨的人微笑、和看上去很孤單的人說話、打給你知道正在經歷痛苦的人，或替年長的鄰居煮一頓晚餐。從那些能照亮**你**一天的事情中，汲取靈感。

而這為時一分鐘練習的目的，並不僅僅只是思考「自己今天能做出哪些善事」而已。其同時也提醒了你，隨手行善對他人、以及對你的力量。

善意並不只是一種潮流或社群標籤。這是生活方式的選擇。這是治療，也是大無畏的表現。

你的日常自我心理治療的**保持心定**階段，已經完成了。現在，無論會發生什麼事，你已經做好迎接下半日到來的準備。

在這三分鐘裡，你做到了：

①盤點了你今天到目前為止，所遇到的情緒挑戰時刻，檢驗那些出現的負面思維模式、深層信念與不健康行為。

②擬定好應對計畫，以防未來遭遇類似情況，又冒出不好的思維模式、信念與行為。

③審視你今天截至目前為止，所做出來的健康行為，並致力於在一天中融入更多正向的行為。

④隨手行善。

晚上，你將再次進入三分鐘的日常自我心理治療練習。這是一天中的**反思與重啟身心**階段。在你的第三、與最後的自我心理治療檢查中，你會探索今日的教訓，放下無益的思緒，好讓自己安穩睡上一覺。

Chapter 8

在一天的尾聲，反思與重啟身心

你是否有過這樣的經驗，盯著床，幻想自己能躺上去然後漸漸入睡？這個念頭是如此誘人：沒有噪音，沒有干擾，沒有人對你有所求（除非你有個年幼的孩子，加油！）純粹休息與睡覺。是時候讓自己遠離這一切數個小時。這是逃離。這是重新充電的時間。這讓你為明天做好準備。

每一份睡眠研究都指出，睡眠能促進福祉。但令人難過的是，並不是所有人都能睡上好覺。許多人是帶著壓力，精疲力竭地上床睡覺。然後，又因為潛意識試圖處理白天尚未解決的問題，導致一直睡睡醒醒。多數白天的壓力，往往會成為夜晚的壓力，且不知怎麼的，在夜晚孤獨感的作祟下，讓人變得無法承受。這會導致高度警戒狀態。何況，一旦沒辦法好好睡上一覺，對生理和心理健康都有危害。也就是說，要是人們沒能以健康的方式，來為一天畫下尾聲，後果就是失眠。

在本書的前面，我提過人們常一骨碌地滾下床，然後度過行屍走肉般的一天。而我們透過**準備**練習，解決了這個問題。但同樣的問題也會出現在夜晚時刻。許多人爬上了床，卻沒辦法關機。這就像是睡在一輛引擎全速轉動、並駛上高速公路的車子般。

對某些人來說，只要白天的事情沒能解決和放下，睡眠就會是不可能的任務。難道我們要與無數的人、負面事件與情況，同床共枕？那就變成名副其實地「與敵同眠」了。

有多少次，你在試著入睡的時候，用數小時反芻著自己的一天？有多少次你猛然坐起身並跳下床，只因為想到忘了解凍雞肉？有多少次你用手機登入信箱，只因為想到還沒有回信給某人？又有多少次，你打開了Netflix，決定再看一集影集？（這些錯我全都犯過。）

幾年前，我曾經遇到一位女性個案，她總是非常擔心其他人對自己的看法。她說自己會躺在床上，回想當天的每一個事件，試圖確認自己到底有沒有讓任何人感覺被冒犯、不高興或失望。在一次晤談中，她列出她會花時間想的人。約莫有二十個人名。我記得自己對她說，「這也太多了！妳居然每天晚上都讓這些人擠在妳的腦袋裡一起上床。」

「確實。就跟酒池肉林差不多！」我們忍不住一起笑起來。但重點在於，她根本沒有空間能休息或讓自己充電。她無時無刻不「啟動」著。而這對任何人來說，長期下來絕非好事。

假如你覺得這些情況聽起來再熟悉不過，或許，是時候做出改變了。

這也將帶領我們進入你的日常練習最後部分：**反思與重啟身心**。忘記你的睡前熱巧克力。倘若你希望真正放鬆身心靈，只有睡前心理治療能幫上忙。

上床前，為自己舉辦睡前儀式

如同早晨與中午練習，我念茲在茲的還是時間的安排。儘管這個練習非常短，只有在你上床之前的短短三分鐘（請注意不是真的**躺**到床上），卻有滿滿的極為實用內容。（當然，就跟前面的練習一樣，假如你希望花更多的時間，也完全沒問題。）我會鼓勵你在著手進行之前，再次進行一分鐘的安定身心練習，舒展一下心理。

倘若入睡對你來說是個問題，那麼你或許會想要在躺上床以後，再次利用安定身心的技巧，幫助自己入睡。

在進行這個部分的日常練習時，我會建議你找一處不被打擾的地方，無論是在你的臥室，或其他安靜的地方都行。但如同我說的，不要真的躺到床上。我之所以說不要直接躺在床上練習，主要是怕你在練習中不小心睡著，這樣就無法獲得心理治療的全部好處，而這恐怕會對你當晚的睡眠品質產生連鎖反應。

在進行這部分的自我心理治療時，由於不會有一位合格的心理師對你說話，所以你必須在筆記本上，寫下你一般會在晤談中說到的話。這就是你「處理」的方式。

請在隨手可得之處，放置一小碗的水，和一條毛巾或紙巾。練習的最後部分，將會是「洗淨」一日的淨化活動，稍後我會再進行更詳細的解說。但是請不要擔心，不會發生什麼奇怪或詭異的事。這就是我在結束與個案的晤談後會做的事，而我只是想把這些教給你心中的心理師罷了。

在這個第三與最後的練習中，我們會把注意力放在三大面向上：

第八分鐘—寫日記，然後放下。

第九分鐘—今天，生活教會了我什麼？

第十分鐘—淨化，獲得能量，結束一天。

我會給你一些能讓你在心理治療中，去**思考**、去**談論**、去**做**的素材。

再一次重申，倘若你無法在三分鐘之內完成這些步驟，請不要擔心。就跟所有實務練習一樣，熟悉後就會變得比較簡單，最終甚至變成第二本能。

在開始前，有一個小小的警告要提，這個警告尤其適用在一日鄰近尾聲的療程上，但也適用於白天其他療程中。

心理治療的其中一項原則，就是絕對不能和喝醉、受藥物影響，或用非法物質，來改變情緒（處方籤用藥除外）的案主合作。這是因為受影響的大腦，無法適當地處理資訊。我之所以提到這點，是出於保護並支持你的角度，而不是帶著批判。畢竟，只有在清醒、理性且樂於接受的情況下，治療技巧才有可能帶來助益。

第八分鐘：寫日記，然後放下

寫日記的方法有很多種，而我建議一種非常簡短且明確的方法。我之所以採用這個方法，是因為它幫助了我的許多個案，讓他們能從經歷中萃取出重要的資訊，避免寫下對心理治療毫無助益、又漫無目的的長篇大論。這同時也意味著，你能在不要超過我們所安排的三分鐘下，完成自我心理治療，然後睡個好覺！

在第一個練習中，我們會找出那些讓你感到有壓力或不開心的白天經歷。這些或許包括了你在**保持心定**練習的第五分鐘內，所找出來的上半日事件（只要這些事件依舊縈繞在你心頭）。接著，我們將一起看看該如何放下這些時刻。

你或許會忍不住想著，在睡前重提那些令人沮喪的時刻，究竟是不是明智之舉。我相信是的。倘若我們不去處理並放下當天所發生的事，就會一直帶著這件事，而這會對我們帶來破壞性的累積效應。

我希望你能以井井有條的方式，回憶當天對你造成壓力或令你難受的事：

①**事件**：寫下發生的事件，試著保持客觀並盡可能接近真實。

②**解讀**：寫下你對這件事的解讀，或者你對事件的看法。

③**後果**：寫下你對這件事的解讀，是如何影響你的想法、情緒、幸福，以及你此刻入睡的能力。

④**總結**：寫下你發現自己陷入的思維陷阱，寫下證明你出現負面思維模式的證據，寫下你會用來取代無益思維的有益替代性思維，然後（終於），放下負面思維。

下面是這個練習能產生何種效果的例子。

潘與一位負責向她匯報的同事開會，而她在開會時指出對方工作表現不佳。這個舉動導致兩人出現爭執，最後該名同事憤而離開她的辦公室，並稱她是「差勁的負責人」。潘的行為完全合理，但她感覺很不舒服。這就是**事件**。在那天的晚上，潘在日記中寫道：

事件：和同事起爭執。

在之後的一天裡，潘一直擔心著這件事。就在她準備上床睡覺時，她發現自我懷疑的念頭似乎開始蔓延。她注意到某個念頭——「我不應該讓別人難過」，正在她心裡成形。這就是她的**解讀**。潘於是在日記中寫道：

解讀：我不能讓別人難過。

她知道自己想得太多且擔心太多，並開始為「明天要去上班」這件事焦慮起來。她同時也很擔心自己睡不著。這些都是**後果**。潘在日記中寫道：

後果：焦慮，失眠。

她切換自己進入「心理治療模式」，確認自己又掉入了過去那種企圖討好他人的思維模式，並過度擔心其他人的想法。她仔細思考了證據。基於職責，她必須監督同事的工作表現，而保持沉默對她或同事而言，不會有任何幫助。她的工作成果很棒，最近更被上級提拔，且她與其他同事的相處狀況良好。她是一位優秀的負責人。她能理性地推論出自己的行為是正當的，她可以放下這件事。這就是她的**總結**。潘在日記中寫道：

總結：舊有的模式又啟動了，但我能放下。我做了對的事。

潘的情況，也常在我們的日常生活中上演。我們做了「對的」事情，接著卻又開始自我懷疑、自我責備，或基於舊有的規則、信念與經驗，萌生自嘲的念頭。然而，一旦你能清楚意識到這些失調的行為模式，一切都不一樣了。你放下舊有的信念，獲得自由與力量，構築出新的根基。你開始信任自己。

值得我們謹記的一點是，你無須為其他人對你做出的反應負責。有些時候，誠實才是對的。有些時候，挑戰別人才是對的。有些時候，你可以說不。你活在這個世界上的目的，並不是為了讓所有人開心。你身而為人的最重要目的，是為了實現並尊重自己。只要你做到這點，生活就能從穩固且真實的基礎上展開。

現在，你已經理解這場夜間自我心理治療的過程與形式了，是時候開始回想並處理自己今天的困難時刻。不要壓抑它們，或說服自己並不是**真的**在乎，更不要忽視或企圖推開它們。同樣的，也絕對不要允許它們在你躺到床上後，還在你的腦裡恣意橫行。處理好它們。這個新習慣能幫助你建立更健康的新模式，理性地放下或擺脫那些於你不利的事件。

在你完成今天的日記後，依序重讀每一個事件。接著，刻意一次一個的，做出放下該事件的決定。

每一個人，都在心裡藏了太多事。我們常常在誤解，陷入無意義的思維循環，而且煩惱太多。而這個練習能幫助你打破這一切。這是結束你一天最強而有力的方式，並助你入眠。

在你進入到下一個步驟以前，請停下來深吸一口氣。想像今日的焦慮與憂愁逐漸遠離。你再也不需要與它們為伍。你已經準備好進入下一個階段了：吸取今日的教訓。

第九分鐘：今天，生活教會了我什麼？

生活一直在教導我們一些道理。而每一次的互動、事件與經驗，也都有意義。但假如你希望能從這些教訓中獲得益處，你就必須敞開心胸去學習，同時還要知道，一旦機會降臨，該如何辨識。

一提到個人發展與成長，就能發現許多毫無助益的論述，圍繞在所謂的「靈光一現」（lightbulb moment）打轉。這些論述總是傾向於鼓吹這些教訓，會以無與倫比、且近似於涅槃般的頓悟或徵兆，降臨在我們身上。而且規模越大，越好。

當我還是年輕的天主教男孩時，我曾經到許多聖母瑪利亞的聖殿朝聖。讓我首先澄清一下，這些朝聖之旅帶給數以百萬的人們希望，而我的目的自然不是想對任何人的信仰不敬。相反的，我之所以講述這個故事，是為了說明一個觀點。

其中一處聖殿位就位在愛爾蘭共和國內，而我已故的母親希望帶著我和兄弟們搭上六個小時的大巴，去目睹那「會動的雕像」。這座雕像不僅會動，還會哭泣。我們整個晚上都坐著不動，精疲力竭，等著雕像開始移動。這些朝聖之旅通常發生在夏日。但這次的地點是愛爾蘭，所以天氣很冷，還很潮濕。如同你所想像的，假如你讓五、六十名極度興奮而疲倦的朝聖者，坐在冰冷的空氣裡等著雕像移動，那麼最終總會有一些人看到東西動了。而這就是我遇到的情況。

那座雕像不僅移動和哭了，根據指稱，雕像甚至揮手。移動的雕像還會帶著幾名貴賓一起現身，包括耶穌以及其他知名的聖人。基本上就像是一場天界的名流派對。

人們因為領受「重大的」神蹟，而興高采烈地離開。他們相信自己獲得了祝福並得到教訓：耶穌看到他們，祂知道他們做、和沒做的每一件事，而他們將憑著對祂的信仰，在天堂裡獲得救贖。祂會原諒他們，畢竟他們是好人、有價值。但我只覺得自己會感染肺炎，然後總有一天會寫下一本名叫《移動的雕像》（小心那尊！）的書。不過我的觀點非常嚴肅：我的朝聖同伴正在尋找那非凡的啟示。但最強大的訓誡，往往來自於平凡。它們藏在樸實無華的那一刻裡。它們藏在寂靜中。當你傾聽，它們自會浮現。只要你摘下有色眼鏡，它們就會現身。它們就隱身在令人愉快的時光裡。它們是那個在公車站對你微笑的陌生人。它們是那個在你最需要時打給你的朋友。它們是每一次的沮喪、失敗與失望。教訓無所不在。它們是那些讓你向前邁進、幫你理解、促使你做出決定，並讓你看透事情的時刻。它們是某些事物降臨在你身上，卻在剎那間感覺一切都對了的難以言喻時刻。

令人難過的是，人們經常錯過這些時刻。而就我個人經驗來看，這是因為我們：

- 停止聆聽。

- 在錯的地方尋找答案。
- 將新的機會拒之於門外。
- 忘記真正重要的事物。
- 如行屍走肉般活著，無法察覺人生更宏大的目標。

我們該如何找出這些教訓？

我想澄清一點：我這裡所提及的教訓，並不一定是很實際的。它們並不是某個問題的答案，像是：我該如何賺更多錢？我該如何得到這次的升遷？我要怎麼讓自己看上去年輕十歲？我所說的教訓，遠比此類問題來得更深層，也更深奧。你或許會學到，哪些事物能真正使你快樂（且或許與你的期望並不相同）。你說不定會明白，某位特別的對象是如何讓你的生活更美好，又或者哪些人讓你的生活更糟糕。你可能會發現，孩子的適應力遠比你想像得強大，或者他們讓你學到的道理，就跟你教給他們的一樣多。你或許對伴侶內心最深層的恐懼，有了更深入的體悟，並發現自己具備消除這些恐懼的能力。而預料之外的善意，或許能再次提醒你人性的善良。你也許會察覺，在某種程度上，你並沒有真的忠於自己。

在夜晚自我心理治療的第二分鐘裡，你必須將思緒拉回到基礎工作上——讓你痛苦的地方、你的故事、你的原則、你的思考方式、你的情緒與行為模式，以及對你而言重要的事，然後詢問自己一個簡單的問題：

今天生活又帶給我什麼啟示？

試著找出讓你情緒強烈波動的時刻。今天一整天，你出現了哪些念頭？那些往日的舊思維又回來了嗎？你或任何與你互動的人，是否有說出、或做出與你價值觀背道而馳的舉動？有任何特別的時刻或事件嗎？

允許自己稍待片刻，讓思緒自由浮現。不要絞盡腦汁地想。只要你停下來，仔細聆聽，答案自會現身。

我想和你分享昨天我在練習時獲得的體悟，並希望我的例子，能給予你些許幫助。

昨天準備上床睡覺時，我真的累壞了，而我在進行自我檢查後，發現自己的情緒似乎有些「低落」。我剛看完一部電影，電影主角的馬死了。這件事讓她悲痛到無以自拔，而我因為這段情節非常難受。

在我思考自己今天獲得哪些教訓時，我發現這股「低落感」，其實是出自於我心裡的傷痛。幾個月前，我的狗和一位非常親近的友人過世了。我非常想念他們。而在痛失他們的這幾個月以來，我的生活一直非常忙碌。因此，我得到的啟示就是，我沒有給予自己足夠的空間去消化悲傷。這是值得我牢牢記住的重要教訓。

生命不斷給予我們啟示。但倘若沒有透過每日最後的練習，讓自己停下來，給予自己足夠的空間去反思，就會與這些教訓擦身而過。

這些教訓可以是正面提醒，讓我們明白感激與欣賞的重要性，也可以是一種指引，告訴我們生活中需要哪些改變或調整。

請敞開心胸並懷抱好奇，讓生活來引導你。畢竟，有太多寶藏值得我們去挖掘。

第十分鐘：淨化，獲得能量，結束一天

現在，你進入到每日練習的最後一分鐘了。在這一分鐘裡，你會進行淨化，補充能量並結束自己的一天。這一天完整地結束了，而你已經準備好睡上一覺，迎接嶄新的一天。

淨化，重拾清澈身心

這與正規心理治療訓練中所教導的淨化儀式，並不相同，但在療癒練習中確實很受歡迎。許多年前，我的一位督導教導我，該如何在每一次的晤談結束時，加入此一步驟。他認為浸泡在水中，能讓心理師放下剛才在晤談中所經歷的挑戰，讓他們帶著新的活力與清澈的身心，展開下一場療程。

儘管我喜歡這個儀式是因為這是一種自我心理治療，不必透過他人來執行，但我覺得你可能也會覺得這個儀式非常實用。我會解釋該如何進行。

你只需要準備一小碗足夠浸泡雙手的水就足矣。

將你的雙手沒入水中。在你洗淨雙手的同時，請想像自己正在將今天所有的不好、怒意與憤懣通通洗去。你正在慢慢放下今日的種種。

此種結束一天的淨化儀式，是健康的自我舒緩過程，帶領我們進入「重啟身心模式」，讓睡眠不被負面思緒打擾的決心，受到強化。你正在給予自己放下這一天的許可，而這能帶給你平靜與滿足的感受。

這同時也是一種尊重。在世界各地的多元文化裡，淨化都屬於非常受歡迎的儀式，視同一種尊重並照顧自己的傳統方法。

你或許也聽過這種說法，Namaste：**我內在的光，向你內在的光致意**。

而你正在向內在的光致意。

感受宏大連結，獲得超乎想像的能量

現在，我們進入日常練習最後一分鐘的第二部分，我希望你能努力與某些更宏觀的事物，建立連結。請先等一下，這並不一定意味著宗教或神（當然，也可以是此兩者）。舉例來說，可以是太陽系。抬頭看看星星，想想這個世界的美，想想你的存在——數學上的奇蹟，是如何不可思議，能帶來強大的後勁。這能讓你獲得更宏大的觀點。畢竟，知道自己的所有問題，不過如同浩瀚時空下那渺小的一點，能讓人獲得釋放。

無論你想到的是因果、命運、天命、大自然之母、威卡（Wicca，按：以巫術為基礎的新興多神論信仰）、般若、古老的智慧、能量、宇宙法則，或任何未知、無法解釋，更難以說明的崇高力量，請與你認為最合適的對象，建立起連結。

為什麼我會要求你與信仰、或某些更龐大於自身的事物，建立起連結？因為許多心理學研究指出，對某件事物抱持信仰的人（無論該事物為何），與不具備信仰系統的人相比，往往能更好地面對逆境且掌握心理問題。而就我個人的工作經驗來看，漠視這些結論不但很難，更屬一種不負責任。對靈性的追求、或相信有更高的能量主宰一切，也能是非常有效的心理工具。（當然，這也有缺點，尤其談論的對象是宗教。那些以自身宗教為恥的人們，在遭遇困境時受到的折磨往往**更大**。這點值得我們謹記在心。）

我對能量的興趣，主要源自於多年在工作環境中，與罹患絕症且瀕臨死亡的患者接觸。在這些患者之中，有許多人指出，他們將生命交給神、阿拉、穆罕默德、佛祖等神明之後，獲得了平靜與喜悅。話說回來，撇開宗教，這也能用於描述對宇宙、光、能量、自然等事物的信任。無論是在哪一種背景之下，我親眼目睹了這麼做，能如何幫助人們度過極端痛苦的處境。那麼，其中究竟蘊藏了怎麼樣的吸引力？又是什麼將所有信仰系統連結在一起？答案是，被允許放手，所帶來的解脫；是明白了自己無法控制任何事，而你的生命掌握在其他事物手中的頓悟。這是你從超越自身的偉大中，所獲得的力量。

因此，無論誰能幫助你在此刻跳脫自我，我建議你與之建立連結，練習交出掌控權的藝術，允許自己重獲力量。你也可以想像令人敬畏的事物，如崇山峻嶺或海洋，只要這能讓你進入正確的心靈狀態。你也可以聆聽那些能切換周遭氛圍的聲音，像是雨聲與鳥鳴，或者是一段古典樂。假如你願意，你還可以從一段禱告詞開始。形式不拘。唯一的條件就是，將自己交給更偉大的力量，並心悅誠服地讓自己能從這一刻裡，獲得能量。

以平靜的心，結束一天

日常練習中的**反思與重啟身心**部分已經結束了。

在這三分鐘裡，你做到了：

①寫日記紀錄，並忘掉一天之中使你感到痛苦或難受的時刻。
②找出今日生活教給你的教訓。
③淨化這一天不好的一面。
④讓自己從更高的層次裡，獲得滿滿能量。

現在，我希望你能在絕對的平靜與寂靜中，結束日常練習的最後部分。你正在透過安靜無聲的力量，消化這一天。你用寧靜，為自己的心靈做好入睡的準備。沒有任何事情要做了。沒有任何活動。沒有任何反思。

是時候讓自己透過睡眠，進入更深層的平靜了。

你將十分鐘的療程，完整融入自己的一天。這些時光讓你平靜下來。無論一天之中遇到何種挑戰，你都能很好地應對。你能活出一個更忠於自我、更誠實的人生。讓自己活得燦爛。

這十分鐘可以成為你一天之中，最強大的時刻。

請不要讓它們溜走。

Chapter 9

萬一，
生活中有突發事件……

大部分的人都懂，生活時不時就會出現突發狀況。前一天你還感覺超棒，每件事情都順利得不得了。隔天，災難般的意外發生了，你的世界驟然丕變。這可能是痛失親人、分手、裁員、失敗、疾病、意外、悲劇，甚至是自然災害。什麼都有可能。生命滿載著無窮無盡的意外可能，而有些時候，這些可能性令人難以承受。

在我動手寫下這一章的十八個月之前，一場預料之外的改變——名叫Covid-19的病毒，開始席捲各大新聞版面。絕大多數人的生活從二〇二〇年開始，被迫中斷並遭遇極大的挑戰。由於這場事件所導致的不確定性和混亂，讓人們陷入前所未有且急需受到治療的處境。這是一種創傷，而我確信所有人都會在一段時間內，感受到這場傳染病所帶來的直接與間接心理後果。（這些內容也出現在我的上一本書《十倍快樂》〔*Ten Times Happier*〕第二版的特別篇裡，其中提到了處理創傷的方法。我創造了「疫情後壓力症候群」一詞，來描述因為疫情而導致的心理痛苦。）

然而，儘管難題隨時都有可能出現，真正重要的，是無論從心理上或實際上，都要小心不要著了魔似的，陷在「想為變數做好準備」裡。多數時候，生命會帶來無窮盡的樂趣。活在當下並在事件發生時見招拆招，才是較為明智的做法（與此同時，別忘了增進自己的心理靈活程度，之後事情**真的**發生，你才能做出適當的反應）。

儘管如此，我想和你分享一個快速且有效的方法，好讓你在面對極大的困境、且十分鐘的日常自我心理治療也無法斬斷這些干擾時，派上用場。

我想將注意力放在所有人一生中，都有可能於不同時期遭遇到的五大困境上：

- 痛失親友。
- 改變。
- 罹病或擔任照顧者。

• 失望。

• 危機時刻。

基本上，心理治療的原則仍舊一樣，只是需要特別的考量與調整，好幫助你應對生命中那些特定挑戰。

然而，最重要的還是，記住你曾經熬過各種難關，這意味著你可以、也確實能應對這些情況。而我只是單純地提供額外的工具與技巧，並希冀這些資訊能讓你更輕鬆應對生命中的重大時刻。

當摯愛逝去……

失去，是生命中不可避免之痛。我們都曾經失去過自己所愛之人，也會繼續失去那些所愛之人。這就是人生。這就是大自然的法則：生與死。

如同本書稍早所提，我的職業生涯前半段，全部投注在緩和療護之中，與許多罹患絕症的人們共處。而這份工作的一大職責，就是給予那些剛剛痛失摯愛的家庭，支持的力量。漸漸的，我開始熟悉「失去」對人們造成的影響，並同時發現悲傷在不同人身上，會有不一樣的體現，就連從旁觀者的角度來看，也不盡相同。

我認為，將悲傷病理化，或認為悲傷歷程是由可預測、且能輕易界定的心理與行為「階段」所構成，然後去指出在某個時間點下，他們的傷痛就會停止，只會錯誤地低估一個人失去摯親的感受。此外，這些「悲傷階段」還有可能讓悲痛的人們感到內疚或隔閡，只因為自己沒有出現「正確」的悲痛之情。然而，悲傷沒有這麼簡單或可預測。有些時候，悲傷是如此地錯綜複雜，讓身處其中的人怎麼樣也逃脫不了，但這並不意味著他們出了問題，或者他們哀悼的方式不正確。這只是因為他們受到的傷害太深了，導致他們怎麼樣也無法調整自己，接受一個沒有對方的世界。痛失摯愛的人，需要耐心、時間與許多的理解。他們內心的某個部分死去了，而這點需要被尊重。

拋開我個人在此領域的專業訓練不論，悲傷對我來說一點也不陌生。每一場失去都不一樣，但都同樣苦澀。悲傷的復原之旅更讓人痛苦。

下面是就我個人與專業角度來看，對痛失摯愛的理解：

- 悲傷早期的情緒變化，是沒有任何秩序或可預測性的。難過、憤怒、空虛、困惑……事實上，幾乎所有情緒，都可以在一剎那間如同火山般爆發。你唯一能做的，只有堅持，等待一切過去。
- 人們並不總是能理解你的失去，而對方沒能感同身受的原因，不在於他們不在乎你，而是因為他們事實上無能為力。
- 內疚是很自然的。悲傷往往會讓我們萌生出許多質問：我是不是能做得更多？我是否應該多去看看他們？我認為這是大腦試圖分散我們的注意力，不去關注此人已經永遠從我們生命中消失的事實。就好像只要我們努力思考，用力懷疑或質問自己，就能想通這場悲劇背後的深意。至於那些腦中藏著自我批判思維模式的人，在這段時間裡，他們心裡的破壞者更會大肆搗亂。

- 在面對悲傷這件事情上，沒有捷徑，更沒有時效。
- 愛充滿了喜悅。但這也需要巨大的勇氣，因為付出愛意味著，我們將自己置於脆弱的位置之上，冒著失去摯愛的風險。而這就是世界的自然規律。
- 痛苦終究會被撫平，我們最終也可能學會如何在失去對方的世界裡，繼續生活。
- 世界如常，但再也回不到過去。即便是這樣，也沒有關係。

在失去以後，如何走出悲傷？

儘管並沒有所謂的「通用」方法可治癒悲傷，但此時你在自我照顧與自我慈悲方面的努力，將變得額外重要。照顧自己度過悲傷，非常關鍵。你的絕大多數生理與心理能量，會被大量消耗。失去在乎之人，會帶來巨大的打擊。我們的心理與生理會需要時間進行調適。

關於如何消化痛失摯愛的情緒方面，除了自我照顧與自我慈悲以外，還有下列幾項技巧：

- 盡可能給予自己足夠的時間與空間，釋放悲傷。
- 在需要時，和別人聊聊。悲傷需要消化。與他人交談有助於我們消化。
- 在有需要時，尋求外界的援助。
- 讓自己待在那些允許你在需要時，可以盡情釋放悲傷者的周圍。

- 讓自己的日常作息有更大的彈性。日子不可能完全「如常」，尤其在悲傷的早期。
- 請記得，你並沒有被擊潰，你只是在努力接受這場巨大的失去。
- 不要因為認為釋放悲傷有所謂正確或錯誤的方式，而對自己的表現感到丟臉。這是一趟非常個人的經歷。
- 在你做好心理準備後，請試著去讚美逝者在你心中所留下的美好回憶。
- 放慢處理悲傷的腳步。循序漸進，一步一腳印。
- 請記得，你能撐過去。你之所以痛苦，是因為你深切愛過。

「改變」的考驗

生命充滿了永不停歇的改變。下一次的改變總是離得那麼近。但我們更偏好尋找穩定性、可預期性與秩序。即便是熱愛冒險的人，也喜歡計畫。我們為什麼這麼喜歡尋找安定感？你或許還記得在進行基礎準備工作時，評估童年發展是否健全的其中一項重要指標，就是「安全感」的有無。而充滿變動的時期，可能會威脅到兒童的安全感，讓他們陷入不安和感到脆弱。成人也是如此，尤其是勾起小時候關於改變的痛苦記憶時。我注意到案主在經歷改變時，會出現情緒低落或焦慮感驟升的情況。在心理學上，我們稱此為「適應障礙」（adjustment disorder），但我比較不喜歡用「障礙」一詞，來描述這種感受。因為我不認為在面對改變時出現痛苦情緒，是不正常的。

簡單來說，這也是我們之所以尋求規律的原因。這是一種生存機制。規律能帶給我們一絲有所掌握的感受。

然而，事實就是，所謂的控制，不過是一種幻想，因為我們對生命中的一切，都**不**具備掌控權。這也是為什麼，儘管建立日常規律是積極且穩固的行為，但我們還是必須擁抱不確定性並活在當下。

我曾經讀過一篇文章，內容是關於在同一間修道院住了二十五年的修道士。他的心靈處在極為平靜且滿足的狀態。每隔幾年，修道院就會迎來新的院長，並對修道院的日常作息做出某些改變。在其中一次的改變中，新來的修道院院長建議這位修道士去搭火車，進行為期一年的旅行，體驗不確定性。他希望修道士能離開此地，開拓視野。

為此，修道士惶惶不安，並明白了自己過去一直將生活構築在安定、可預測性之上，從而逃避改變。透過這次機會，他領悟到自己必須踏上這場旅途。

於是他出發了，儘管這場旅途讓他心神不寧，卻也帶領他走上成長的道路。他的冥想功力更上一層樓，並在自己身上發現了許多新的力量，還培養出更廣闊的同理心。有趣的是，他再也沒有回到修道院。終其一生，他踏上居無定所、毫無束縛的生活，以游牧的方式，實踐自己作為修道士的職責。他找到了新的自由。

如同這位修道士，儘管改變（裁員、分手、搬家、移民或換新工作等）經常是讓人陷入痛苦的根源，甚至會動搖我們的根基，但它也可能成為情緒與心理成長的契機。

而度過這些改變的方法，就是鼓起勇氣面對。將其視作一場冒險，用興奮之情與充滿好奇的心來應對。明白只要自己願意去傾聽，每一次的經歷都能讓我們成長。誰知道呢？或許另一頭有某些驚喜正等著你。

面對變動，如何學會「不害怕」？

就跟往常一樣，心理治療的基本原則與你的十分鐘練習，仍舊適用。除了那些最基本的原則以外，在如何應對生命中的重大改變上，我還有一些技巧想傳授給你：

- 維持平凡的日常習慣，來創造「由內而生」的熟悉感。

- 強迫自己去面對改變，並投入隨之而來的生活調整。這或許會讓你覺得很不舒服，但這並不意味著你的行為是錯的。請用你可以駕馭、不至於難以負荷的節奏來努力。
- 與能提供幫助的朋友與家人，保持聯繫。
- 留意自己的期望，並明白循序漸進的一小步，就是很好的起點。
- 請提醒自己，你此刻出現的脆弱感受，並不一定與眼下的改變有直接關聯，可能是肇因於某些回憶或信念被觸發。
- 慢慢來，不要急。畢竟，為改變進行調適，需要耐心與許多時間。
- 讓你有股衝動想要逃離或逃避改變的自衛行為，很有可能會浮現。請記住，這只是出於焦慮機制，且就長遠來看，選擇相反的行為往往能帶來更多的好處。
- 在經歷改變的期間，你的感受並沒有對錯。你的經驗就是你的經驗。請對自己多一點慈悲與關懷！

• 最後，送給你一句或許很陳腔濫調、但我非常喜歡的句子：船不是為了停靠在港灣而造的。改變意味著你還活著，而你的人生正朝著全新的方向邁進。請傾盡全力，擁抱改變。

面對生病的自己

曾經擔任過護理師的我，非常明白疾病與擔任照顧者，能對一個人產生的影響。沒有人能知道，何時我們會遇上疾病，或必須成為照顧者。而這件事發生的機率，就擺在那裡。這是生命的一部分。我會把「如何面對自己生病了」與「身為照顧者該如何調適」，拆開來討論。因為兩者面對的，是截然不同的挑戰。

我想先釐清我的意思：我所謂的「健康狀況不良」，包含了心理與生理。

人類的身體與心智極其複雜，更不時會「亮起紅燈」。透過研究，我們知道生理與心理有密切關聯。兩者皆不能獨立於另一方而論。

因此毫無疑問的，心理不健康會導致生理不健康，反之亦然。一個人很有可能在心臟病發之後，於家中養病，卻同時出現抑鬱的情況。一位因特定場所畏懼症（agoraphobia）而無法出門的人，很有可能因為不能運動，出現心臟方面的疾病。我們必須拋下那種將生理與心理健康，視為獨立兩面向的過時觀點。因為它們不是。將全部職業生涯投注在此兩範疇上的我，可以非常有自信地向你保證。

一旦病了一段時間（無論病因為何），生活很可能出現劇烈且大規模的改變。舉凡社交生活、工作、拜訪親友、家庭時光、性生活、收入與整體財務、休閒時刻等，原有的生活步調被暫時打亂（有時甚至一去不復返）。簡而言之，因為疾病而被迫中斷的日常習慣，會對你的自由、選擇、決定、互動及個人感受，產生顯著的影響。而且，你的人生不是一夕之間就風雲變色，而是一點一滴變樣的，這又是另一個難題了。週復一週，月復一月，年復一年，你的生活品質，以難以察覺的緩慢速度穩定下降，直到有一天早上起床，你發現生活已經徹底走樣。無論疾病帶來的改變是什麼，面對此類變動都不容易。你必須適應新的生活限制與約束（無論是短期或長期，或者你甚至不知道自己到底要花多久才能痊癒，而『不知道』也會帶來極大的挑戰）。你覺得世界太不公平。而要逐漸接受自己的情況，尤其面對的是慢性疾病時，更是不容易。但並非不可能。

哪些方法能幫助我們面對疾病？

如同前面的情況，你在本書截至目前為止所學到的一切策略與技巧，加上日常十分鐘練習，全都能幫助你面對自己的疾病。但具體該如何應對，我想根據多年來從事生理與心理健康行業的經驗，提供其他思路。

但在繼續讀下去之前，請容我提醒，比起某些人，有些建議或許更適用在你身上，這需視情況而定。但有些建議或許會讓你感到憤怒，因為這些建議並沒有考量到你眼前挑戰的獨特性。我完全理解當你發現其他人的意見，根本沒有考量到你的疾病時，你可能會感覺更糟。儘管如此，請容我再次強調，我此刻的目的，是試著給予你些許支持的力量，並讓你好過一點。倘若在我的建議之中，有任何一點就你看來，確實有那麼一丁點兒道理，我會鼓勵你採取該建議，或至少納入考慮。請相信我的經驗以及科學研究的成果。

倘若你正遭受疾病的折磨，以下是幫助自己心理調適的建議：

- 心靈上的痛苦，會讓身體承受更多的疼痛與症狀。而這也會反過來，導致心靈更痛苦。這是一種惡性循環。請專注於使用技巧，來平復和放鬆身心靈。這麼做能帶給身心靈極大的益處。
- 在生病時，你必須改變日常生活習慣，並在事情不如預期時，努力變通。事情不可能再像過去一樣。而試著重拾過去的日子，只會徒增痛苦。

- 某些時候，遵從醫囑和專業指導非常重要。
- 接受疾病是一場極為艱鉅的挑戰。但根據接受與承諾療法（acceptance and commitment therapy）的研究結果，接受事實，而不是去接受可能或應該的情況，能降低你對疾病的抗拒，而這能帶來總體而言為正向的連鎖反應。我知道這在實踐上是多麼困難，但請試著減少抗拒。然後留意事情的改變。
- 自我照顧絕對是優先的考量。
- 希望能帶來幫助。儘管不容易做到，但研究指出，選擇抱持希望，能提振你的感受。我希望澄清一點：這與「接受」並不矛盾。你可以同時接受自己生病了，並帶有希望。希望意味著讓自己看見可能性，即便只是一件很簡單的事。舉例來說，你打算好好享受一下自己的花園，在戶外多待一點時間，或每天從事一件能讓你擁有好心情的活動。當你允許自己能片刻地懷抱希望，大腦的化學反應也會開始好轉。

- 專注於自我舒緩。一旦情況變得更困難，請深入挖掘能讓你獲得平靜的關懷聲音。
- 練習正念。研究清楚指出，在生病時，每日進行正念練習，能顯著地改善症狀。假如你希望能進一步研究正念練習，書本與網路中皆有豐富的資料，更有一對一或線上的課程可供你選擇。

對於每一位正在承受疾病之苦的讀者，我想獻上我的關懷與祝福。願你在這些文字之中，尋得些許慰藉。

當我們成為照顧者，背負起另一個人的餘生

無論你多麼愛對方，照顧身患疾病之人，仍舊會讓你精疲力竭。這不僅是因為你必須看著對方受苦，更因為身為照顧者的你，在實際、生理、情緒與心理上，都要擔負起多重角色，且經常沒能得到支援或認可。

倘若你正在照顧某位病患，我想為你所經歷的起起伏伏，致上敬意。你盡自己所能，卻永遠覺得似乎做得還不夠。你疲憊不堪，卻又在休息的時候心懷愧疚。你希望能懷抱關愛並懂得寬容，卻總有某些時刻忍不住發脾氣。你想要充分理解對方，卻累到無法傾聽。你希望時時刻刻都守在那裡，卻也迫切渴望休息。你希望生活能恢復到往昔的樣子。

倘若你對上述的描述產生一絲共鳴，我能向你保證，曾經有無數個歷經或正處在與你極為相似情況下的人們，向我說過這些。你也是人，照顧總是伴隨著自我的失去。這些感受並沒有任何異常、不善良或值得你擔心之處。儘管不

必要的罪惡感或許會試著說服你，你應該時時處於「最佳狀態」。但這是不可能的。你想必已經盡力了，而這就夠了。試想，如果你與被照顧者角色對調，對方很可能也會出現與你相似的感受。

我們都是凡人。我們會累，會出現同情疲勞（compassion fatigue），也會痛苦。但拋開這一切，我們會繼續走下去，並在隔天重振旗鼓。這就是絕大多數照顧者的狀況。

我想再次強調，因為這點實在非常重要：你已經做到最棒了。

哪些方法，能讓照顧者好過一些？

由於每個人的情況都不一樣，我不會硬性規定「該怎麼做」，但這些心理策略曾經幫助過我所遇到的照顧者，讓他們的生活好過一些：

- 休息並尋求協助。儘管這聽起來很簡單，但它或許是我能給的最重要建議。多數的照顧者認為自己必須包辦一切事情，無論何時何地。但你不需要。只要你願意去尋找，有許多幫助能派上用場。話說回來，休息越充分，能給予所愛之人的關愛也會越多。
- 觀察那些指責你做得不夠多、或很失敗的罪惡感。挑戰那股內在的聲音，並認清那只是毫無幫助且錯誤的描述，絕非事實。
- 與其他照顧者聊聊自己的難處。這能讓你感覺被理解，降低孤立無援的感受。與其他照顧者聊聊他們的困境，這能讓你在其他人身上看到自己的影子，從而給予更多的關愛。
- 自我照顧必須優先於你作為照顧者的角色。畢竟，焦頭爛額或精疲力竭，只會讓你無法給予他人幫助。記住，好好照顧自己，絕非自私的行為。這是確保你能如常生活的必要作為。
- 寫日記。有些時候，實際說出自己的挫折或感受，是很困難的事。而每天寫日記則能幫助你消化、處理發生的事。請將治療的焦點放在想法、情緒或反應之上。

要是，失望來襲……

失望，是非常可怕的感受。此種深深的頹喪感會出現在，事情沒能如預期發展的時候。例如，沒能獲得上司允諾要給你的晉升、沒能得到心心念念的新家、沒有獲得需要的分數、你以為可以攜手走進禮堂的那份感情結束了、你做的試管嬰兒失敗了，或你發現孩子有嗑藥問題等。當然，也可能是很多事情累積起來，讓我們心生失望。或許生活就是沒能如你所期望的那樣展開。失望是生活的一部分，還可能動搖我們的根基。

每一天，我會在諮商室裡聽到各式各樣的失望。有些時候，我的個案心懷憤怒與苦澀。老實說，各種說法我都聽過：

- 「真不敢相信這一切沒能成功。」
- 「這就是我的命。」
- 「我完蛋了。」
- 「生命太不公平了。」
- 「為什麼好事都不會發生在我身上？」
- 「我不知道繼續努力有何意義。」
- 「我應該放棄。」

我相信每個人在不同階段，都可能萌生這樣的感受。一旦生活不如預期，這股失望會引發強烈的個人反應。換而言之，會覺得事情是衝著自己來的！整個世界都在與你為敵。為了擊垮你、讓你陷入失望，背後肯定有什麼龐大計畫。看起來生活已經鎖定了你，想方設法讓你崩潰。

最近，我因為號誌故障的問題，被卡在倫敦地鐵的隧道內十分鐘。司機非常抱歉，且客觀來說，已經盡可能定時提供最新資訊。坐在我身邊的一位女性正準備和朋友一起去劇院欣賞音樂劇《媽媽咪呀！》（*Mamma Mia!*），但她們可能會遲到十五分鐘，並因此被拒絕入場。我之所以知道這些，是因為我聽到了她們的對話。她非常生氣。「這種事怎麼會發生？」她宣稱這不僅僅毀了她的夜晚，更毀了她的整個週末。情況甚至更糟。她損失了八十英鎊的票錢，以後她再也不要踏進倫敦一步。這就是一場徹頭徹尾的災難。她要寫信給倫敦地鐵和她那一區的議員，讓他們知道這座城市的地鐵系統有多麼地「丟臉」。

坦白說，我確實有點想要偷偷使出一點心理治療的策略，來干預這個思路，但我根本沒有登場的機會。在她發表這番慷慨激昂的言論時，她的朋友一直非常安靜且體貼，直到這位女士說完後，朋友於是開口了（以下根據我的記憶轉述）：

「親愛的，難道妳希望司機繼續開車，讓乘客冒著生命風險，好讓我們能坐在台下一起唱著〈媽媽咪呀！〉嗎？妳何不試著冷靜下來？讓我們找間舒適的酒吧，喝幾杯調酒，看看附近有哪些帥哥。我們可以去買明天下午的便宜票，然後好好利用這個晚上。」

在她說完的瞬間，地鐵司機宣布燈號故障的問題已排除，地鐵將恢復運作。危機消弭了。茱莉亞（是的，我連她的名字都偷聽到了）**可以**去看《媽媽咪呀！》。而她的朋友只能等到音樂劇結束後，才能去酒吧看帥哥。

這一刻讓我留下極為深刻的印象。茱莉亞因為想到可能會錯過音樂劇，而非常失望。她的情緒瞬間被點燃，並自動展開一連串的負面認知模式。我認為她有受害心態、災難化、往最糟的地方去想、不去思考生命中的光明處，並將逆境個人化的傾向。看著她破口大罵，就像是目睹無法阻擋的土石流。一旦生命沒能給予她此刻所想要且期待的，她就拒絕容忍這一切。她親手製造出自己的痛苦。

我們都有自己的《媽媽咪呀！》時刻。有些或許沒那麼嚴重，有些卻非常令人失望。我並不想低估失望造成的衝擊。事實上，去感受並感知失望，是很健康的。推開這些感受才是不明智的舉動。但問題出在深陷其中，或掉到被激怒的陷阱裡。

如何好好處理失望？

現在，你已經有大量可用於管理思維、情緒與信念的工具了。至於具體該如何處理失望，有幾個額外的心理工具，或許能派上用場：

- 了解失望帶給你的感受，以及你一般而言會出現的反應。倘若你發現自己很容易被特定的情況觸發，請在可預料的情況發生當下與之後，留出更多時間，讓自己有更多的空間，來消化這些煩惱。

- 啟動思維檢查。想一想，這件事有多重要？還有其他可能性嗎？能用不同的角度來看待此事嗎？
- 相信當下發生的一切。倘若你無法控制結果，請允許自己放下期待，順其自然。
- 對其他可能性抱持開放態度。如同智慧俗語所言：「當一扇門關上，自會有另一扇門打開。」
- 要是生活跟你的預期唱反調，看看自己的容忍度有多高。畢竟，生活的齒輪並不會照我們所希望的那樣轉動。生命認為我們應該**與之**共舞。儘管很難接受，卻是不容爭辯的事實。
- 這能教給你什麼？我深信比起成功，失望與挫折往往能教會人更多道理，只要我們願意敞開心胸，接受這些教訓。請根據情況，盡自己所能去汲取經驗，而不是因為失望而呆若木雞。許多「成功」人士願意接受失望帶給他們的教訓。這是一條明智的道路。

當人生，陷入危機風暴

對不同人來說，會構成「危機」的事物也不盡相同。因此，我會將「危機」定義為生活中，那些大幅削弱你的安定感與應對能力的時刻。而起因可能是，生活事件、個人情況，或舊癮復發。簡單來說，連最簡單的日常作息，都讓你感到痛苦。你或許會感到徹底的失去控制、頓失希望、無力和絕望。某些時候，你可能會萌生自殺的念頭或傾向。但請不要忘記，這並不意味著你有任何「不對」的地方。這只是意味著你的狀況非常不好。你陷入危機。這並不僅只是糟糕的一天或倒霉而已。而你不該獨自一人，面對這樣的時刻。

危機的問題在於，這是接二連三發生的一連串事件，最終導致情況近乎無法挽回（或至少感覺上是如此）。這時，恐怕會出現嚴重的情緒困擾。就化學機制來看，你的大腦很可能釋放大量與壓力相關的荷爾蒙。你幾乎無法進行理性的判斷，也無法正常生活。溝通變得很難。感情關係讓你覺得煎熬。這一切讓你覺得不堪負荷，更讓你出現孤立無援的感受。

這時不是進行心理治療或釐清一切的好時機。此刻的你，需要向外求助，以幫助自己重拾安定的狀態。或許在之後的心理治療中，你可以再去釐清究竟發生了哪些事。

我經常見到深陷危機中的人們，在指引下接受心理治療，但那是他們根本無法投入治療的時刻。這並不意味著心理治療最終仍無法帶來效果。治療是有效的。只是時候未到。這就像是將沒有穿救生衣的人，扔進大海裡一樣。

你能透過幾個步驟，幫助自己去應對，而我會解釋給你聽。

當人生拉警報，能做什麼？

- 承認自己不堪負荷且需要幫助。我知道這一點有多困難，但我向你保證，當你和專業人士談談後，你會發現他們看過無數與你處境相當的人。他們會理解處在危機之中的你，並能給予幫助。

- 不要害怕停止、或減少參與那些讓你感到有負擔的日常活動。
- 現在並不是去釐清或解決問題的時刻，也不是為許下的人生承諾，找出實際或合理解決方案的時候。倘若可以，請暫時將這一切交給其他人。此刻的當務之急，是獲得正確的幫助與支持，讓你重回安定狀態。我見過許多決定單打獨鬥的人，但這不該是一趟單飛的旅程。在這一點上，請務必相信我。
- 請向少數幾位你信賴且親近的人，描述你的危機，並詢問對方是否能擔任你的緊急聯絡人。如此一來，他們就能幫你執行某些你平時必須去盡的責任。比方說，他們可以幫你採買食物、幫忙家務與照顧孩子、通知公司你今天不會去上班，或單純陪伴與傾聽，即便在深夜時刻。
- 有些時候會建議你使用藥物。根據我的專業經驗，短期來說，服用藥物或許能帶來極大的助益。話說回來，任何時候都請與受過專業訓練者，討論對你而言，最好的選擇。

- **請不要忘記，危機只是暫時的，最終總會過去。你能撐過去。**

每次遇到深陷危機的人，他們最常說的就是，覺得自己很懦弱，或對於自己竟然走到這一步，感到很羞恥。我總會提醒他們，這股羞愧感一點道理也沒有，更絕對稱不上懦弱。事實上，他們、或此刻同樣身處危機之中的你，在承受著如此巨大的壓力下，能奮力邁出一大步，只是充分展示了你們無與倫比的勇氣與力量。

沒有人會選擇讓自己陷入危機。某些時候，生活才是真正的問題。陷入危機並沒有什麼好丟臉或失敗可言。我見到的，只是一位勇敢、充滿人性與需要一些幫助，好重新站穩腳步的同伴。**倘若你感覺難以面對，一定要尋求專業協助。你可以戰勝這一切**。

Chapter 10

結果好，
一切就好

這本書始於我對心理治療世界的分享，而我希望自己確實揭開了覆蓋其上的神祕面紗。最後，我希望透過個案的親身經歷，用幾則關於蛻變的故事，再次強調心理治療的力量。我希望能提醒你，無論狀況多麼糟糕，天無絕人之路。只要潛心尋找，幾乎任何事情都有好的一面。也許當下我們看不見，但最終總會浮現。

儘管如此，在我開始之前，請你先思考一下，讀完這本書以後會發生什麼事。

每當我讀完一本書時，我都會思緒卡住，並經歷一連串現在我已經非常熟悉的感觸：

- 因為這本書結束而感到難過。
- 因為作者的文字或筆下的角色不會繼續與我同在，而感到孤獨。
- 因為結局圓滿而興高采烈。

- 因為故事結束在懸念之中，內心悶悶的。
- 因為沒能獲得自己想要的結局，而感到失望。
- 因為書中喚醒了我對從未注意過的議題的關注，而感覺被挑戰。
- 因為自己喜歡的角色落入了不公平或不正義的情況，而憤怒。
- 因為深受啟發，決定做出改變，或嘗試新事物。

你也很有可能因為這本書的結束，迸發某些預料之外的感受，但並不單純只是因為讀完了一本書。這是一本心理治療書籍。心理治療的結束總會觸發情緒。我認為用一點時間來消化，是非常重要的。

倘若讀到本書的尾聲，讓你翻湧出強烈的情緒，是完全可以理解且能預期的。你或許會有一點點難過，因為熟悉的文字就要走到終點了。你或許會因為有很多要努力，而感到沮喪。也可能因為新契機就在眼前，而興奮不已。你說不定會很失望，因為你覺得我並沒有徹底梳理你的問題。

令人興奮的是，此刻的你已經知道該如何確認、管理並解開這些情緒。它們並無異常之處。你正在處理關於「結束」的情況，而我們必須留意你對此的情緒反應。在心理治療過程中，承認治療關係結束，是很重要的一環。這是結案過程的一部分，能讓人感受到身心的完整。

另一方面，也有可能是閱讀這段文字的**過程**，讓你思緒翻攪。請記得我在一開頭所說的，好的心理治療並不總是讓人舒心或感到溫暖。倘若此刻你有些不適或不安，那也很好（我之所以會這樣說是出於善意）。我做到了分內的工作，而你也給出了回應。改變確實讓人不舒服。

同樣的，我希望本書能喚醒人們對更美好未來的想像，拾獲嶄新的力量。倘若你發現自己此刻能用不同的角度，去看待人生境遇，那也非常棒。再一次，我做到了分內的工作，而你給出了回應。

當然，你或許會體認到，生活中有某些面向，是你希望能改變的。我會鼓勵你，經全盤考量後，用沉穩的方式處理，並試著不要一次把所有事情做完。

一次只走一步。踏出最棒的下一步就已足矣，且你只需要掌握好這一步。

我期待本書能帶給你挑戰，並讓你在受到啟發的情況下，願意花點時間進入心理治療模式。但很重要的一點是，只有你願意全心投入這樣的練習，才有可能收獲改變。身為心理師，我經常遇到那些期望我能讓他們狀況變得更好的個案。但事情並不是這樣運作的。你必須努力。

在這本書裡，**你**就是心理師，**你**是必須努力的那一方。光是閱讀本書並不夠。這是一本即便在你讀完許久之後，仍必須持之以恆實踐的書。但一切都會值得。你投注在本書練習上的心力越多，你的感受就能獲得越大的改善。你的生活也會隨之提升。不妨將這些練習視為上健身房。你越投入，成效也越顯著。

當然，我也理解，你可能會認為本書傳授的技巧，對你而言並不夠。你或許希望能在專業人士的幫助下，去解決那些較棘手的問題，甚至決定要接受一對一的心理治療！倘若這是你的決定，那麼恭喜你，能走到做出決定的這一步。倘若在幫助你做出這樣的決定方面，本書帶來些許推力，那麼同樣的，我的任務就圓滿了。

假設你打算和心理師展開一對一的心理治療，我有幾點技巧想與你分享。要想找到一位合適的心理師，過程如同大海裡撈針。我的建議是多打聽。比方說，來自熟人或醫生的推薦，能幫你找出較適合自己的心理師。此外，一些心理健康機構如MIND和SANE，也提供了非常實用的線上建議。

還有，了解心理師是採取哪一派心理治療模式，也非常重要。請先詢問對方的證照與經驗。同時，確認對方符合資格、且獲得監管機關的認證，也是非常重要的。這些標準在不同國家皆不相同，因此首先請確認自己所在區域的規範。

無論閱讀本書帶給你何種體驗，現在輪到你了。我期望此刻你所學的新資訊與技巧，能賦予你力量，讓你活出更充實的人生。我希望這樣的期待讓你興奮不已。

但如同我所承諾的，在我向你正式道別之前，先讓我來分享幾則讓我深受啟發的個案經歷。我所分享的這些個案，每一位都經歷過人生最糟的時光，卻也浴火重生。他們都學會做自己的心理師（如同我在本書一開始所說的，這也是我最終的目標）。他們依循著本書的原則。

我希望你能和我一樣，同樣受他們的故事所啟發。我希望他們的故事能帶給你勇氣，伴你走過這一程。

痛失愛女的媽媽：黑暗中，總有一盞迪斯可燈

瑪格找我進行諮商的時候，她的女兒已經過世了十七年。在女兒過世後，她看了許多心理師，而他們的著眼點通常放在瑪格的悲傷或抑鬱之上。但在我們第一次的晤談中，她痛苦的程度讓我開始懷疑，是否還有其他原因。

她向我提起了自己在假期中，痛失美麗女兒的事件。那年女兒才二十一歲，因為一場悲劇般的意外過世。瑪格怎麼樣也無法接受這件事。

在第一次諮商的尾聲，我確定瑪格在為女兒的事情而悲傷，並出現了次發性情緒（secondary mood）症狀，但迷失的環節很快就浮現了。女兒的死亡給了她極深的創傷。有好幾個創傷記憶，包括第一次見到女兒的遺體、喪禮過程，以及她對意外發生當天的想像。她出現了PTSD，且嚴重到需要接受治療的程度。畢竟，沒有獲得處理的創傷，在接受治療之前，都不可能平復。（請容我提醒一點，倘若在你持續進行自我心理治療、並改變自己行為之後的兩到三個月間，那些與創傷、焦慮或情緒低落相關的症狀仍未改善，請盡快與專業人士聯繫。）

在最初的心理治療中，我們將重點放在創傷部分。幾週後，瑪格的情況出現了改善。時間快轉到幾個月之後，瑪格甚至和朋友一起報名了郵輪之旅。她度過了一趟極其愉快的假期，並在十七年後，頭一次感受到「人生終於回來了」。她重啟社交生活，也重拾畫筆（過去的嗜好）。漸漸的，她越來越能投入在生活中。但她的進步還不僅止於此。

瑪格的家在女兒過世後一直保持原樣，包括了女兒的臥室。後來，她決定進行翻修。在她開始計畫裝修時，她向工人解釋那間房間絕對不能動。那就像是女兒的神壇，任何人都不可以踏進那裡一步。這同時也在心理治療上，展現了瑪格是如何被「困住」的。

我們在進行心理治療時，討論到這樣的「困住」。瑪格最終承認了此點，並同意讓裝修工人裝潢女兒的房間。但有一個條件：**迪斯可燈不能動**。迪斯可燈是她女兒最喜歡的其中一件物品。瑪格覺得，那盞燈傳遞出女兒那有趣且充滿活力的狀態。

現在，那間臥室變成了創作室。瑪格經常在迪斯可燈的閃爍下作畫。她重新點燃生命的火花。

除了創傷治療以外，還有其他的治療因素，幫助瑪格重新站起來。

比方說，她認為，每天花一些時間擔任自己的心理師，是非常重要的。她體悟到與其他人建立聯繫，並重新與生活產生連結，是康復之旅的一部分。她發現某些不必要的罪惡感，源自於多年來那毫無助益的規則與信念。最重要的，她體悟到要向前走的唯一方法，就是去面對並處理那最醜惡的事實。這麼多年來，她一直專注於自己的悲傷，忙著應付因悲傷而出現的症狀。而面對失去所產生的創傷，是她跨出的第一步康復之路。

我之所以與你分享瑪格的故事，是因為她教會了我，如何從絕望走向希望。她同時也教會了我，在心理治療的世界裡，同情與陳腔濫調的撫慰之詞並不足夠。某些時候，任務充滿了挑戰，需要我們走進最陰暗處。但許多時候，這才是解決之道。

一直以來，瑪格早已習慣躲進哀傷悲痛的角落，尋找安全感。然而，在心理治療的過程中，我逐漸讓她遠離此地，但並不是因為人不應該悲傷，而是因為悲傷已經阻礙了她的生活。

我不相信有人能真正「走出」生命中那些巨大的損失，但我們確實能「通過」。而這已足矣，也或許才是應當的過程。

對瑪格來說，這十七年是一趟非常漫長的旅程。我也提醒她，在某些時候，她可能會覺得自己再次陷入了那無以名狀的悲傷泥淖裡。但現在的她，具備洞察力、智慧與技巧，能幫助自己脫身。這就是心理治療的力量。現在，她就是自己的心理師。

同樣的，倘若你覺得自己今天卡死在悲傷、憤怒或絕望的思維循環中，總有方法能帶你前行。在黑暗中的某處，總有一盞閃亮的迪斯可燈。是瑪格的故事，讓我們明白這點。

不斷焦慮先生：你的過去，不能定義你

凱爾並不願意接受心理治療。但他的女友認為這是明智的做法，所以他決定「試試看」。他就跟我在本書稍早所提起的那一類人一樣，認為心理師和心理治療本身「有點詭異」。幸好，我成功扭轉了他的想法。

凱爾出現了嚴重的焦慮症狀，但他完全找不出原因。他拋給我的第一個問題是：「為什麼我不斷害怕著？」

在絕大多數的日子與大部分的事物上，他都非常焦慮。他睡不好，且不太好相處（根據他女友的說法）。他有廣泛性焦慮症（generalised anxiety disorder，一種我不太喜歡使用的診斷標籤。相反的，我多說患者是「學會擔心很多事的人」）。

凱爾在英格蘭北方一個小型採礦社區裡長大。不過，他在向我描述自己的故事時，我注意到，故事中幾乎看不到他父親的身影。凱爾的故事並沒有任何

特別之處。他沒有提到顯著的創傷事件。他描述自己的家庭生活為「正常」（這通常能揭露出真相）。而他的學校生活、大學生活和社交生活，全都看起來非常普通。他就只是一直在擔心，並且不知道該如何停下來。簡而言之，他是高功能性的憂慮者（high-functioning worrier），就和許多人一樣。

在我更熟悉凱爾以後，我向他提起自己注意到他的生命中，幾乎沒有父親的身影。他的父親幾年前過世了。最初，他反駁這件事並沒有什麼特別之處，不過是兩個人沒怎麼相處罷了。但在我提出幾個問題後，事情出現了反轉。

在他成長的絕大多數時間裡，父親都是一位嚴重酗酒者。凱爾和家人經常要忍受酩酊大醉的父親，在肢體和語言上的攻擊。他的父親清醒時，會對家中的每一個人雞蛋裡挑骨頭。而這樣的情況又因為他的母親（希望酗酒與家暴行為絕對不能被外人發現），變得更加複雜。家庭間的氛圍就是藏好一切。

因此，當你得知凱爾成長為一個「對自己有著大量毫無益處的信念、且不知道該如何應對生活」的大人，自然也不會太驚訝。他的自信心極低，焦慮極高。他很害怕，卻又同時認為無論情況如何，自己都必須在生活中做到最好。這就是他們家的劇本。終於，我們能回答他那個問題，「為什麼我要擔心這麼多？」

我之所以向你分享凱爾的經歷，是因為理解生命故事，是讓凱爾緩解焦慮的關鍵。他將童年經歷與父親的作為合理化。但現實就是，家人是造成他焦慮的極大主因。在凱爾了解這點後，他終於能停止隱藏自己的感受和如履薄冰的狀態，同時放下守口如瓶與取悅他人的行為模式。

過去的他總是在擔心。而在他的日常自我心理治療練習中，他開始重新連結大腦，讓自己以更冷靜、更良好的方式做出回應。他再也沒有什麼好怕的了。他的大腦必須強化這樣的訊息。

正如同我們一起練習的那樣，凱爾學會透過自我心理治療，去管理他的焦慮。他每天練習著檢查自己的心智、身體與情緒。他學會「安定身心」，並開始能挑戰那些毫無助益的思維，以及不再適合自己的規則與信念。最終，自我心理治療教會他如何去照顧自我、照料自己，以及幫自己獲得安全感。

在進行幾週的心理治療與日常練習後，凱爾的情況改善了。他的焦慮減輕了，他也提到，女友發現他的行為有了顯著的改變。他沒那麼擔心了，而且睡眠品質也有所改善，變得比較容易相處。整體而言，他覺得更快樂了。

在我們最後一次的晤談中，凱爾帶來了一份小禮物。那是一張他在商店裡找到的明信片，上面寫著：**你的過去，不能定義你**。

我一直留著這張卡片。有時候，我會給個案看這張卡片，並向他們說凱爾的故事（當然，在不透露個人資訊的前提下）。

我希望他的故事能提醒你，人生過去的逆境，不能定義你。你可以恢復。不需要繼續害怕了。

「不夠好」的小鎮男孩：我決定，不再為難自己

你或許還記得，在本書一開始，我提過自己因為受到心理治療師的啟發，而立志要當心理師。再多說一點關於這部分的故事，似乎很理所當然。因此最後一個故事主角，就是我。

有些心理治療模式，會竭力抑制心理師和案主分享自身的故事。我完全理解這麼做背後的動機，是希望任何時候，都應該將焦點放在個案身上。但我同時也認為，當事人需要知道他們面前的，是明白痛苦的人。有些時候，這牽涉到一定程度的自我揭露。倘若我要求對方與我分享他最深層、最黑暗的祕密，我覺得我也應該向他們展示自己的人性面。在這本書裡，我就是依循同樣的原則。我分享了心理治療能如何幫助你。我可以引用成千上百則個案的親身經歷，但我也必須講出自己的故事。我有責任、也有義務去練習我所鼓吹的事物。

心理治療於我而言，是一趟關於自我接納的旅程。我在本書的前面，提起自己第一次接受心理治療的過程。我以為自己很好，但我不好。心理治療讓我知道，我內心充滿羞恥感，接受不了自己的性向。我很焦慮。我很害怕在生活中冒險，也無法坦然面對最真實的自己。

在我於心理治療中吐露這些、並試著將一切合理化後，一切都變得無比清晰。許多經驗的加總，導致了我的痛苦。在北愛爾蘭問題時期目睹大量教派暴力事件，是一個原因。在充滿批判與恥辱的天主教文化中，身為一名同性戀，則是另一個原因。還有求學時期遇到的霸凌和排擠，再加上許多不順遂的生活事件，都推了一把。

因此，我覺得不安，認為自己不夠好，融入不了周圍，我也不知道如何去做自己。但心理治療幫助我理解，為什麼即使我已經畢業那麼久，還會有這些感受。而這拯救了我。

我學會不要為難自己。這些事件發生在我身上，但它們無法定義我。在我了解這個道理的當下，我終於明白自己具備能力，可以處理原有的負面模式。我發現自我懷疑、焦慮與痛苦都能改變。我與你分享的技巧，全都是我所使用過的。直到今日，它們仍在我的生活中活躍著。

儘管不好的回憶對我的生命造成影響，但我體悟到，只要對自己好並修正個人心態，就能扭轉這些回憶帶來的影響。這是非常強大的體悟。這也是心理治療帶來的力量。你不需要成為過去的受害者。

Bronski Beat樂團的〈小鎮男孩〉（Smalltown Boy），一直是我最喜歡的歌曲之一。歌詞描述了一個與我經歷非常相仿的故事。在我生命中的某些時刻，我同樣經歷了必須逃走、或轉身離開的抉擇。但心理治療讓我踏上了另一條道路。我不再逃跑。我勇敢面對自己的故事，甚至學會去欣賞，然後脫胎換骨。

我拒絕讓痛苦的過去定義自己。我會利用這些經驗，成為更好的心理師、作家與演說家。這就是我從過去那黑暗時代的廢墟中，挖掘出美好寶藏的其中一種方法。

我現在的人生，就是這本書所傳授給你的所有知識的實踐。這樣的生活方式讓我獲得心靈上的平靜，並對未來懷抱信心與專注。

有些時候，我會跌倒並產生誤會。但我會再站起來。

有些時候我會做錯事。但那也沒關係，我會從中學習。

有些時候，我會感到迷惘。但我能找到回頭的路。

我希望你發現自己也能做到這一切。這本書可以成為你的地圖，助你坦蕩蕩地踏上旅途。這本書也能幫助你，找回自己的歸屬。

請記得，無論是就生理、心理或情緒上而言，你永遠不需要留在對你而言並不健康的環境。有些時候，你需要實際逃離某些地方，但請不要逃離內心的自己。而是坦然面對，讓它們教導你，然後跨出最適合自己的那一步。

是時候說再見了

坦白說，我很討厭說再見。我覺得這件事很難，還會讓我不好受。過去的我，總會逃避說再見。

現在，我知道這件事的重要性。這是對所發生之事的尊重。它們讓事情得以圓滿，讓我們繼續前行。它們結束了一個章節，卻也開啟了新的篇章。

這是我的第三本書，而我也體悟到撰寫自助書籍，是深具啟發的體驗。每當我坐下來開始打字，我會想像自己是和讀者直接對話。有些時候，讀者會傳訊息給我，說我的書籍改變了他們的人生。而這樣的反饋，同樣改變了我的人生。我非常喜歡與讀者齊心協力的感受。

在懷抱這樣的感觸下，我希望能對你說再見，以及謝謝。

謝謝你讀完這本書，並相信我的經驗與所有過程。請坦然面對自己的故事，這能讓你獲得自由。而學習去引導自己的心靈、情緒與行為，則能賦予你力量。

現在，該說再見了，然後對未來嶄新的可能，說聲哈囉！

倘若你希望獲得更多關於我作品的資訊，請見：

Instagram和推特（按：二〇二三年更名為X）@owenokaneten

網站：www.owenokane.com。

其他書籍：《10分鐘入禪休息法》和《十倍快樂》。

致謝

對於我的經紀人Bev James及她的團隊那持之以恆的支持與熱誠，我必須致上謝意。同樣的，還要感謝HarperCollins旗下的出版社HQ，你們是超強的出版團隊。而再次與編輯Rachel Kenny合作，讓我非常開心。她真的非常出色。還有每一位願意信任我，並說出自己故事的個案，謝謝你們。還有所有人，謝謝你們。

成為自己的心理師

作　　者　歐文・奧侃（Owen O'kane）
譯　　者　李祐寧
主　　編　呂佳昀

總 編 輯　李映慧
執 行 長　陳旭華（steve@bookrep.com.tw）

出　　版　大牌出版 / 遠足文化事業股份有限公司
發　　行　遠足文化事業股份有限公司（讀書共和國出版集團）
地　　址　23141 新北市新店區民權路 108-2 號 9 樓
電　　話　+886-2-2218-1417
郵撥帳號　19504465 遠足文化事業股份有限公司

封面設計　朱疋
排　　版　新鑫電腦排版工作室
印　　製　博創印藝文化事業有限公司
法律顧問　華洋法律事務所　蘇文生律師

定　　價　420 元
初　　版　2024 年 1 月

電子書 E-ISBN
9786267378281（EPUB）
9786267378298（PDF）

國家圖書館出版品預行編目資料

成為自己的心理師 / 歐文・奧侃（Owen O'kane）著 ; 李祐寧 譯 . --
初版 . -- 新北市 : 大牌出版 , 遠足文化發行 , 2024.01
320 面 ; 14.8×21 公分
譯自 :How to be your own therapist : boost your mood and reduce your anxiety in 10 minutes a day.
ISBN 978-626-7378-30-4 (平裝)
1. CST: 心理衛生　2. CST: 情緒管理　3. CST: 生活指導

172.9　　112020492